Mir GEHT ES WIEDER GUT!
Schluss mit schlechten Gefühlen

AF162480

Mir GEHT ES WIEDER GUT!

Schluss mit schlechten Gefühlen

REINHARDT KRÄTZIG

Impressum

© 2016 Reinhardt Krätzig

Herstellung und Verlag:

BoD – Books on Demand, Norderstedt

ISBN 978-3-7431-4343-2

Printed in Germany

Textkorrektur: Christa Fengler, Summt, Mühlenbecker Land

Titelfoto: «Frau in einem grünen Feld», Fotograf: Remains, von depositphotos.com, Nr.: 48527853

Layout: Alerrandre, www.fiverr.com/alerrandre

Belastende Gefühle gehören zum Leben dazu. Trauer, Zorn und andere Gefühlsgewalten dienen uns als Orientierung und helfen uns, angemessen mit Lasten umzugehen.

Aber oft leiden wir nur aus Gewohnheit. Es geht uns schlecht, weil die unbewusste Psyche das - fälschlicherweise - gerade für richtig hält.

Zum Glück kann man die falschen Gefühle wieder abschalten, vorausgesetzt man bemerkt den Fehler.

Also, behalten Sie Ihre Gefühle im Blick und üben Sie sich darin, Ihren schlechten Gefühlen öfter mal nicht zu vertrauen.

INHALTSVERZEICHNIS

EINFÜHRUNG 11

WARUM DER FFT-SCHALTER FUNKTIONIERT.............. 13
  Rückgriff auf alte Erfahrungen 13
  Alte Wunden – trotz einer guten Kindheit 15
  Fehlnavigation 16
  Leiden als Marker 18
  Leiden lohnt nicht 19

UMSCHALTEN IN 5 SCHRITTEN 23

  SCHRITT 1: 23
    1.1 - Eine Überschrift finden 23
    1.2 – Situation 24
    1.3 – Ein zentraler Moment 24
    1.4 - Schnappschuss 24
    1.5 – Der Schnappschuss als Bild an der Wand ... 25
    1.6 – Das Bild selbst eingehend betrachten 26

  SCHRITT 2 27
    2.1 – Welche Gefühle werden wach? 27
    2.2 – Das eigene Erleben wahrnehmen und benennen ... 28
    2.3 – Eine Skulptur formen 30
      Probleme? 34
      Sonderfälle 35

  SCHRITT 3 37
    3.1 – Ihre weise Seite greift ein 37
      Schutzmaßnahmen beachten 39
    3.2 - Den Film noch einmal anschauen 41
    3.3 - Kann es so bleiben? 42

  SCHRITT 4 44
    4.1 - Eine kleine Unterbrechung 44
    4.2 - Drei Möglichkeiten, wie es weitergeht 44

Schicht um Schicht 47
4.3 - Nicht übertreiben 49

SCHRITT 5 – ABSCHLUSS 51

FALLBEISPIELE: 52

PROBLEMFÄLLE: 61

ERGÄNZUNGEN UND GEGENANZEIGEN 65
Gegenrede 66

THEORIE 69

BEWUSST, UNBEWUSST – WER ENTSCHEIDET? 69
Unter Stress zählen nur die alten Muster 71
Lebensthema 74
Unpassende Verhaltensmuster 76
Was war in der eigenen Geschichte schief gegangen? 79
Das Bewusstsein als Assistent 80
Libet-Experimente 83
Bewusstsein als blinder Passagier 84
Arbeitsteilung 85
Die unbewusste Psyche stellt sich quer 87
Einen inneren Beobachter installieren 88

FFT: MIT BEWUSSTSEIN UND HYPNOSE 89
Bewusstsein 89
Hypnose 90
Aus der Problemtrance aussteigen 91

VERGLEICHBARE TECHNIKEN 93

LITERATURVERZEICHNIS 95
BILDERVERZEICHNIS 97
WEITERE BÜCHER DES VERFASSERS 98

Zum Buch

Die hier vermittelte Technik zur Selbststeuerung versetzt Sie in die Lage, der eigenen Psyche Anweisungen zu geben. Ideal, um zum Beispiel schnell aus einem belastenden Gefühl auszusteigen und bald wieder einen klaren Kopf zu haben.

Dies funktioniert, weil Elemente der Hypnose genutzt werden. Weil diese Hypnose unmerklich erzeugt wird – die Trance entsteht allein mit der Durchführung der gestellten Aufgaben – kann jeder diese Methode nutzen, ohne zuvor Hypnose erst lernen und trainieren zu müssen. Darüber hinaus nutzen wir die «Sprache des Gehirns» und kommunizieren mit der eigenen Psyche in Bildsprache.

Mit FFT - so heißt die hier vorgestellte Technik - können Sie also sofort und ohne lange zu üben, Einfluss auf Ihre Befindlichkeit nehmen. Besonders hilfreich ist das in Momenten, in denen Sie besonders belastet sind, ganz gleich aus welchen Gründen. Seien es Ereignisse am Arbeitsplatz, Konflikte mit dem Partner, den Kindern, den Eltern, den Kollegen oder anderen Menschen. Wenn Sie die eigene schlechte Laune, Traurigkeit, Wut, Verzweiflung oder was immer Sie gerade belastet, nicht mehr wollen, mit FFT kommen Sie aus beinahe jeder Gefühlssackgasse wieder heraus.

Dieses Buch hat nur den Zweck, Ihnen diese Technik nahe zu bringen. Es leitet Sie darin an, FFT für sich zu nutzen. Es ist also praxisorientiert und auf der nächsten Seite gehen wir unmittelbar an die Ausführung heran. Es gibt keine Notwendigkeit, irgendetwas vorher zu lernen oder verstanden zu haben. Sollten Sie aber erst wissen wollen, warum FFT funktioniert, können Sie dies im theoretischen Anhang nachlesen.

Abbildung 1, Ausschalter
Grafik: R. Krätzig

EINFÜHRUNG

Wünschen Sie sich auch manchmal einen Schalter, mit dem Sie auf die eigene Psyche einwirken und einfach aus einer schlechten Stimmung aussteigen können? Ich biete Ihnen hier kompakt und leicht verständlich einen Weg, der in seiner Wirkung einem Schalter nahe kommt. Die Technik nutzt erprobte Werkzeuge der Psychotherapie, die hier dargestellte Abfolge ist in meiner Praxis entstanden und hat sich vielfach bewährt. Auf der Suche nach einem Namen bin ich bei «feel free» und der Kurzform FFT (Feel-Free-Technik) hängen geblieben. FFT ist leicht handhabbar, schnell und sehr effektiv. Damit treten Sie nicht nur umgehend aus Ihren belastenden Gefühlen heraus, sondern bekommen gleichzeitig so viel Abstand zu dem, was sie belastet, dass Sie hinterher darüber lächeln und/oder einen so klaren Kopf haben, dass Sie mit den gegebenen Problemen ganz anders umgehen können.

FFT bewirkt viel mehr als bloße Ablenkungsmanöver, wie: «zähle jetzt bis 10» oder «halte die Luft an». Bei FFT geschieht eine Umstrukturierung im Kopf, etwas verändert sich darin. Die belastenden Gefühle werden nicht nur gebremst oder zur Seite geschoben, sondern die Psyche gewinnt eine neue Perspektive. Es wird tatsächlich innerlich umgeschaltet. FFT hat noch einen zusätzlichen positiven Effekt. Denn die Technik wirkt nicht nur im Moment, in dem man sie benutzt, sondern hat auch eine Nachwirkung in die Zukunft. Ich meine: Je öfter man seine schlechte Laune mit dieser Methode unterbricht, umso seltener entsteht diese wieder. Man bringt sich also bei, es sich besser gehen zu lassen.

Ansonsten ist es wie bei allem anderen, was man regelmäßig übt. Je öfter man damit arbeitet, umso verlässlicher hat man es zur Verfügung. Mit ein bisschen Training kann man sich dann auch in wirklich schwierigen Situationen auf den FFT-Umschalter vollkommen verlassen.

Um FFT für sich zu nutzen, brauchen Sie kein Vorwissen. Deshalb ist der theoretische Inhalt hinten angestellt. Dort erfahren Sie, auf welche psychischen Systeme man einwirkt und warum FFT überhaupt funktioniert. Dieser Teil ist zwar kurz gehalten, aber dennoch lesbar und für das Thema sehr informativ. Schauen Sie also ruhig mal rein.

FFT stammt aus der Psychotherapie und wird dort als wirksame Hilfe für Menschen mit seelischen Erkrankungen genutzt. Jede psychotherapeutische Technik wirkt außerhalb des therapeutischen Rahmens anders als innerhalb. Zur seelischen Heilung braucht man mehr als gute Techniken. Daher ist FFT kein Ersatz für eine Psychotherapie. Wer diese braucht, muss andere Wege gehen.

WARUM DER FFT-SCHALTER FUNKTIONIERT

Die Arbeit geht leichter von der Hand, wenn im Kopf nicht gleichzeitig Bedenken oder Misstrauen kursieren. Bevor ich damit anfange, Ihnen FFT zu vermitteln, möchte ich daher kurz andeuten, warum die Methode funktioniert und ihre Anwendung auch Sinn macht. Ganz eilige Leser können auch direkt zur Seite 23 vorblättern, um sofort mit Schritt 1 anzufangen.

Sollte man negative Gefühle überhaupt wegmachen? Sind diese nicht zur Regulation des Geschehens notwendig? Gefühle sind doch Wegweiser, sie sind dazu da, um sich zu orientieren! Ein gutes Gefühl sagt einem, dass etwas für einen von Vorteil ist und ein negatives Gefühl, dass hier etwas nicht so gut für einen läuft. Folglich geht man zu dem hin, was ein gutes Gefühl macht und von dem weg, wobei man sich nicht so gut fühlt. Aber wie ist das mit der schlechten Laune, die man noch tagelang nach einer unglücklichen Begegnung am Arbeitsplatz mit dem Chef hat oder nach einer schlecht verlaufenen Diskussion mit dem Partner? Wäre es in diesen und vielen anderen Fällen nicht leichter, wenn man sich weniger belastet fühlen würde? Man hätte dann vielleicht einen klaren Kopf und die Ruhe, um in folgenden Gesprächen nicht alles noch schlimmer zu machen. Tatsächlich sind schlechte Gefühle manchmal kein guter Berater. Wieso entstehen sie dennoch?

Rückgriff auf alte Erfahrungen

Um Energie zu sparen, ist unsere Psyche darauf aus, möglichst oft auf bereits gemachte Erfahrungen zurückzugreifen. Also wird ständig geprüft, ob es zu dem aktuellen Geschehen schon bewährte Verhaltens-, Denk- und Erlebensmuster gibt. So können wir, ohne lange zu zögern, eine Flasche öffnen, eine Treppe steigen und uns auch im Verkehr einigermaßen sicher bewegen. Wir müssen nicht jede kleine Handlung neu erfinden und auch für den Umgang mit anderen Menschen haben wir entsprechende Erfahrungen gesammelt und gespeichert. Auch wenn Menschen lebenslang lernen, stammen die Grundstrukturen unseres Verhaltens aus den ersten Lebensjahren. Auf diesen Grundstrukturen baut auch das Verhalten der späteren Lebensjahre auf. Was gelernt wird, ist daher wesentlich abhängig davon, in welchem Rahmen man aufwächst. Weil dieser so verschieden ist (Familie, Heim, Pflegefamilie), lernt jeder etwas anderes.

Meist funktioniert der Rückgriff auf die eigenen Erfahrungsbibliotheken sehr gut Auch wenn manches Verhaltensmuster aus der Kindheit stammt, gelingt unserer Psyche überwiegend eine gute Balance und eine hinreichende Anpassung an die Bedingungen der Erwachsenenwelt.

Dennoch gibt es Momente, in denen unsere Psyche kein so gutes Ergebnis erzeugt. Das ist der Fall, wenn sensible Themen und/oder alte seelische Wunden einer Person durch das aktuelle Geschehen berührt werden. Die Person verliert den Bezug zu ihrer Wirklichkeit, leidet mehr als notwendig und ist auch kaum in der Lage, angemessen auf die Gegenwart zu reagieren. Alte seelische Wunden und sensible Themen? Wer hat die überhaupt? Ich nicht, ich hatte eine gute Kindheit! So oder ähnlich werden viele an dieser Stelle denken und folglich glauben, dass das hier Gesagte für sie nicht zutrifft. Aber weit gefehlt. Ich habe noch keinen Erwachsenen getroffen, der vollkommen unbelastet durch seine Kindheit kam. Wenn man sich an Nichts erinnert, heißt das nicht, dass da nichts war. Jeder Mensch hat sensible Themen und mehr oder weniger tiefe seelische Wunden.

Alte Wunden – trotz einer guten Kindheit

Die meisten Menschen schauen gerne auf ihre Kindheit zurück, sind überzeugt eine gute Kindheit gehabt zu haben. Aber auch in einer guten Kindheit gibt es Momente des Leidens. Ich meine Situationen, in denen das Kind gerade etwas aushalten muss, was ihm nicht gefällt, was es nicht versteht, oder wovon es überfordert ist. In jeder Lebensgeschichte geschieht so etwas und in der Folge kristallisieren sich einzelne Themen heraus, die für das Kind besonders problematisch sind. Der eine fühlt sich zu wenig beachtet, der andere hätte gerne mehr Anerkennung vom Vater oder der Mutter. Einer fühlt sich gegenüber dem Geschwisterkind zurückgesetzt, der andere fühlt sich eingeengt oder zu wenig angeleitet. Wenn so etwas nicht die Ausnahme ist, sondern öfter geschieht, werden diese Themen in das Erwachsenenleben mitgenommen. Hat einer als Kind zu oft gehört, dass er den Erwartungen nicht entspricht, wird er später immer noch sensibel auf Kritik an der eigenen Person reagieren. Fühlte sich einer als Kind öfter nicht genügend ernst genommen, dann wird er auch noch als Erwachsener in diesem Bereich besonders aufmerksam sein und eventuell schnell verletzt auf fehlenden Respekt antworten.

Wird so ein sensibles Thema berührt, ist es genauso, als wenn eine noch nicht verheilte körperliche Wunde plötzlich berührt wird. Man ist von einem Moment auf den anderen in einem Alarmzustand. Auch jetzt greift die Psyche auf alte Erfahrungen und daraus entwickelte Verhaltensmuster zurück, überzeugt, dass diese Erfahrungen eine gute Basis sind, um jetzt optimale Lösungen zu finden. Nur sind es diesmal Leidenserfahrungen, die als Bezugspunkt herhalten und das macht in der Konsequenz einen gewaltigen Unterschied.

Denn die Welt eines Kindes ist gänzlich anders aufgebaut, als die eines Erwachsenen und die Lösungen, die ein Kind findet, sind selten wirkliche Lösungen. Wenn ein Kind zum Beispiel wiederholt Ungerechtigkeit erlebt, wird es versuchen, sich dagegen zu wehren. Hätte es damit Erfolg, würde das Thema Ungerechtigkeit kein sensibles Thema in seinem Leben werden. Die Ungerechtigkeit wäre ab und zu geschehen, das Kind hätte sich dagegen gewehrt und hätte erfahren, dass das geht. Damit dieses Thema überhaupt zu einem sensiblen Thema werden kann, muss die Ungerechtigkeit als leidvolle Erfahrung erlebt worden sein. Dazu gehören dann Erfahrungen, dass man sich dagegen nicht wehren kann, dass einem keiner hilft, dass man machtlos und ausgeliefert ist oder ähnlich.

Wenn ein Erwachsener also auf die Erfahrungen der eigenen Kindheit bezüglich seines sensiblen Themas zurückgreift, sind damit sofort negative Erinnerungen aktiviert. Die Person ist von einem Moment auf den anderen innerlich in einem Stresszustand, bereit alles zu tun, um Wiederholungen des alten Leids zu vermeiden. Da das alles unbewusst abläuft, stehen als Mittel nur die schon als Kind gefundenen Verhaltensweisen zur Verfügung - also so etwas wie: brav sein, eigene Bedürfnisse zurücknehmen, sich anpassen et cetera.

Fehlnavigation

Glaubt sich einer, der als Kind unter Ungerechtigkeit gelitten hatte, von seinen Kollegen ungerecht behandelt, dann fühlt er sich von einem Moment auf den anderen genauso wie in den Zeiten, in denen er als Kind ungerecht behandelt worden war. Ohne dieses innere Umschalten, würde er vielleicht über das Verhalten der Kollegen nur lachen oder er würde sich wehren und die Situation klären. Stattdessen leidet er jetzt genauso wie damals, fühlt sich vielleicht genauso machtlos und hilflos wie damals als Kind. Zu seinen tatsächlich gegebenen Möglichkeiten in der Jetztzeit hat er kaum Bezug, kann sie schwer sehen und kann deshalb auch kaum angemessen handeln. Alles was er jetzt tut, denkt und sagt führt in eine falsche Richtung und wenn er in diesem Verhaltensmuster bleibt, kann es für ihn und vielleicht auch für andere richtig unangenehm werden. Sein eingeschränkter Bezug zur Wirklichkeit macht ihn beinahe blind. Auch wenn nichts weiter Schlimmes passiert, leidet er und fühlt sich wirklich ungerecht behandelt. Ich vermute, dass sich jeder Leser an solche Situationen erinnern kann, in denen ein anderer vollkommen in einer Sichtweise gefangen schien, die niemand in der Umgebung nachvollziehen konnte. Dieser Mensch ist dann für einen Moment unerreichbar. Kein Argument kommt durch dessen eigene verquere Logik hindurch, jeder Versuch zu helfen, macht alles nur schlimmer. Erst Stunden, Tage oder manchmal auch erst Wochen später kann man mit diesem Menschen über den Vorfall reden, mit manchen allerdings niemals.

Erst wenn man aus so einem Leidenserleben wieder draußen ist, kann man wieder angemessen mit dem Geschehen in der Gegenwart umgehen. Eine ideale Ausstiegshilfe ist die hier vorgestellte Feel-Free-Technik. In ein paar Minuten ist der eigene Kopf wieder klar ... Das einzige Problem dabei: man muss erst mal merken, dass man sich gefühlsmäßig verlaufen hat und jetzt neu orientieren muss. Das ist nicht so einfach, denn als betroffene Person ist man vollkommen von den eigenen Gefühlen überzeugt - zum Beispiel - jetzt gerade ungerecht behandelt zu werden. Entsprechend ist man auch überzeugt, dass die eigenen Worte, Vorwürfe und Angriffe und auch das eigene Leiden vollkommen berechtigt sind.

Wie kann man überhaupt merken, dass man sich in so einer Situation befindet?

Leiden als Marker

Ein guter Bezugspunkt für die innere Messlatte ist das eigene Leiden. Das Auftauchen von Leid ist der wichtigste Marker dafür, dass die eigene psychische Navigation vielleicht gerade in eine falsche Richtung führt.

Ich bin nach vielen Jahren intensiver Beobachtung bei mir selbst und meinen Patienten inzwischen überzeugt, dass die folgende Annahme richtig ist:

Wenn ich in Folge eines mehr oder weniger normalen Geschehens anfange zu leiden, ist etwas faul. Ich leide vermutlich nur, weil meine unbewusste Psyche jetzt gerade einen Bezug zwischen der Gegenwart und Leidenserfahrungen meiner Kindheit hergestellt hat. Weil meine Kindheit aber keine gute Vorlage für die augenblickliche Situation ist, bin in einer falschen Richtung unterwegs, wenn ich das nicht unterbreche.

Ich habe mir angewöhnt, meinem Leiden nicht mehr zu vertrauen. Vielmehr werde ich hellwach, wende die Feel-Free-Technik an und suche einen anderen Zugang zu meiner Gegenwart.

Leiden lohnt nicht

Auch bei meinen Patienten kann ich immer wieder sehen, dass belastende Gefühle nicht zur Verbesserung einer Situation beitragen. Ich klammere hier ganz bewusst alle Situationen aus, die außerhalb der Alltagsroutine stattfinden. Wenn ein naher Mensch – oder man selbst - schwer erkrankt, verunglückt oder sonst schweres Leid erlebt, wäre ich der Letzte, der damit anfängt, die dazugehörigen Gefühle wegmachen zu wollen. Aber die kleinen Leidensmomente, die sich entfalten, weil der Freund das Falsche gesagt hat, man eine unwichtige Prüfung vergeigt, ein Parkticket bekommen, einen Kratzer im Autolack hat oder ähnliches, die kann und sollte man sich sparen. Hier macht unsere unbewusste Psyche einen Fehler. Sie ist nicht allwissend und kann daher auch mal falsch liegen.

Besonders gut kann man dies bei Paarstreitereien beobachten. Sich mit dem eigenen Partner in zerfetzende Auseinandersetzungen zu begeben oder einfach nur darunter zu leiden, dass er oder sie etwas gesagt hat, was man als verletzend erlebt, ist meist völlig überflüssig. Es ist schließlich der eigene Partner, also der Mensch, den man so nahe an sich herangelassen hat, weil einen auch tiefe positive Gefühle verbinden. Vermutlich hat er nicht mal gewusst, dass man an dieser Stelle verletzbar ist - oder man hatte gerade selber gewaltig mit dazu beigetragen, dass die Situation eskalierte und die Worte immer schärfer wurden. Rückblickend sind es meist nur Missverständnisse und viele bereuen später, sich so tief darauf eingelassen zu haben.

Auch unter den Worten eines Chefs zu leiden, ist selten konstruktiv. Viel besser wäre es doch, innerlich ruhig zu bleiben, sich mit den Worten oder der Kritik gelassen auseinanderzusetzen, um dann cool zu kalkulieren und eine angemessene Taktik zu erdenken. Leiden tun wir nur, wenn wir etwas sehr persönlich nehmen und das tun wir im Fall mit dem Chef deshalb, weil wir ihn unbewusst in seiner Bedeutung für uns erhöht haben. Menschen tendieren dazu, hierarchisch höher gestellte Menschen zum Nachfolger beziehungsweise Vertreter von Vater oder Mutter zu machen. Damit bekommen diese Vertreter auch die Bedeutung der Eltern und deshalb werden deren Worte und Verhalten dann auch als so verletzend erlebt. Könnte man diese Elternübertragung ausschalten, würden uns dieselben Worte und Verhaltensweisen der Chefs kaum noch berühren. Übertragung von Elternerfahrungen und Kinderbedürfnissen in die Berufswelt ist also kaum sinnvoll, dennoch geschieht sie unentwegt, steht dann im Weg und erzeugt Leiden.

Genau dieses Leiden kann man mit FFT beenden. Interessant ist, dass damit auch die Elternübertragung sofort aufhört – zumindest in diesem Moment.

Also der Eingriff, den Sie hier im eigenen Kopf vornehmen, bewirkt nichts Schädliches. Sie greifen nur mit Ihrem Bewusstsein an einer Stelle ein, an der die unbewusste Psyche eine falsche Verbindung hergestellt und deswegen unpassende Gefühle, Gedanken und Verhaltensweisen aufgerufen hatte. Mit FFT führen wir uns lediglich wieder in die Gegenwart zurück und ermöglichen dadurch überhaupt erst ein angemessenes Verhalten, Fühlen und Denken.

Ein Beispiel:

Nach einem Streit um ein ganz banales Alltagsproblem - einem nicht geleerten Mülleimer - fühlt sich der junge Mann richtig schlecht. Seine Freundin hatte ihn kritisiert. Sie hatte ihm gesagt, dass sie enttäuscht ist, weil er schon wieder vergessen hat, den Müll zu leeren, obwohl er anderes versprochen hatte. Schon bei den ersten Worten von ihr hatte er sich so gefühlt wie damals, als seine Mutter ihn mal wieder als schlampig und unzuverlässig beschimpfte. Damals hatte ihn das sehr getroffen und das insbesondere, weil er es als ungerecht erlebte und als vollkommen überzogen. Es hatte ihn auch verzweifelt gemacht, weil es ihm einfach nicht gelingen wollte, seine Mutter mal zufrieden zu stellen. Genauso fühlt er sich jetzt auch. Er erlebt die Kritik als ungerecht und denkt, dass er seine Freundin niemals zufrieden stellen kann. Den ganzen Frust, den dieser Gedanke in ihm auslöst, hat er dann seiner Freundin ins Gesicht geschrien; die jetzt selber richtig aufdrehte, weil sie diese Reaktion vollkommen daneben fand.

Schräg wurde die Mülldebatte also erst durch den inneren Bezug von ihm zu seiner Kindheit. Dadurch entstanden Gefühle, die überhaupt nicht dienlich waren, sondern die Situation völlig zum Entgleisen brachten. Mit FFT lösten wir diese Bezüge zur Vergangenheit in wenigen Augenblicken wieder auf. Im selben Moment konnte der Mann sehen, dass er seiner Freundin Unrecht getan hatte. Eben war er noch sauer über ihr «Gemecker», im nächsten Moment tat es ihm leid, sie so beschimpft zu haben. Jetzt verstand er erst, was sie von ihm wollte und sah, dass er tatsächlich nicht funktioniert hatte, wie er es ihr versprochen hatte.

PAARE IN KRISEN

UMSCHALTEN IN 5 SCHRITTEN

Das Umschalten mit FFT funktioniert in fünf Schritten, diese sollten wie beschrieben durchgeführt werden. Bearbeiten Sie einen Schritt nach dem anderen, ohne hin und her zu springen. Wenn Sie nicht gerade mitten in einer belasteten Stimmung stecken, fangen Sie am besten mit einem Problem an, das gerade nicht aktuell ist. Sie können sich den Ablauf dann leichter erarbeiten. Zur Not geht es aber auch mit einem aktuellen Problem.

SCHRITT 1:

1.1 - Eine Überschrift finden

Geben Sie dem Problem, welches Sie jetzt bearbeiten wollen, eine Überschrift. Darin soll in aller Kürze ausgedrückt sein, was von Ihnen als Last erlebt wird.

«Meine Freundin hört mir nicht zu»

«Der Chef kann mich nicht leiden»

«Das war mein Parkplatz»

«Ich kann diese Warterei nicht aushalten»

Auch wenn es kein aktuelles Thema ist, machen Sie das genauso. Zum Beispiel für eine ungerechte Behandlung bei der Festlegung der Urlaubszeiten am Arbeitsplatz vor drei Wochen:

«Ich werde einfach übergangen!»

1.2 – Situation

Jetzt sollen Sie zu der gewählten Überschrift eine Situation finden, die sehr gut dazu passt. Eine, in der also genau das geschehen ist, was Sie so belastet. Wurde Ihre emotionale Last nur von einer einzigen Situation verursacht, ist sowieso schon alles klar – Sie wählen genau diese eine Situation für die nächsten Schritte. Sollten solche Belastungen öfter vorkommen, wählen Sie eine passende Situation aus. Sie sollte ein gutes Beispiel für die eben gewählte Überschrift sein und auch die dazu gehörigen negativen Gefühle auslösen.

Während die zuvor formulierte Überschrift noch allgemein formuliert sein darf, muss die Situation, die Sie jetzt als Bezugspunkt auswählen, eindeutig bestimmt werden. Sie muss wirklich genauso stattgefunden haben und Sie sollten auch nicht einen Zusammenschnitt aus mehreren Szenen konstruieren.

1.3 – Ein zentraler Moment

Wählen Sie jetzt aus der eben gewählten Situation einen einzelnen Moment heraus. Kein Randgeschehen, sondern einen Punkt mitten im Kern des Ereignisses, welches Sie so belastet. Wenn Ihre Partnerin mit Ihnen sauer war, dann ist es vielleicht genau der Moment, als diese mit dem Finger auf Sie zeigte und laut anklagte oder – ein anderes Beispiel: Der Moment, in dem der Chef Sie gerade bloßstellte und Ihnen bewusst wurde, dass das von allen gehört worden war.

1.4 - Schnappschuss

Stellen Sie sich vor, dass Sie selbst oder jemand anderes

ein Foto von genau diesem Moment gemacht hat. Was ist auf diesem Foto zu sehen?

1.5 – Der Schnappschuss als Bild an der Wand

Malen Sie sich in Gedanken aus, dass ein Bild, mit dem Inhalt des eben ausgewählten Fotos, nur wenige Schritte entfernt an der Wand gegenüber hängt. Haben Sie nichts in Ihrer Nähe, an was Sie Ihr Bild - in Ihrer Vorstellung - hängen können, stellen Sie sich einfach eine Staffelei vor, die Sie

Abbildung 2 zu Punkt 1.5, Ein Bild aufhängen

Grafik: R.Krätzig, Grafik in der Grafik (schreiende Frau) stammt aus der Datenbank von Pixabay.com/de/frau-1316256

in einigem Abstand vor sich aufstellen. Machen Sie das Bild nicht zu groß – kleiner ist für unsere Aufgabe meist besser. Eine wandgroße Projektion macht den Vorgang manchmal schwieriger. Auf keinen Fall sollten Sie sich einen Film vorstellen oder gar dreidimensional ablaufende, bewegte Bilder, in denen Sie sich mittendrin befinden.

1.6 – Das Bild selbst eingehend betrachten

Zum Abschluss des ersten Schrittes beschäftigen Sie sich noch einen kleinen Moment mit dem Bild selbst. Malen Sie sich detailliert aus, wie das Papier an der Wand hängt oder von einem Rahmen umschlossen ist. Ist es hinter einem Glas oder wellt sich das Papier etwas. Dabei ist es gleich, was Sie sich vorstellen – tun Sie es nur für einen kleinen Moment ganz konzentriert. Achten Sie auch auf solche Kleinigkeiten wie die Aufhängung von Bild oder Papier-Ausdruck. Auch wenn Sie es nicht merken, ist dieser konzentrierte Blick auf das im Geiste vorgestellte Bild Teil der Hypnoseeinleitung. Unbemerkt wird dadurch eine Trance aufgebaut, die wir im Weiteren brauchen. Außerdem wird das Unbewusste davon abgehalten, sich durch Ablenkung aus dem Prozess herauszustehlen. Stellen Sie es sich ein bisschen wie ein unwilliges Kind vor, welches definitiv nichts Neues lernen will. Als strenger Lehrer ordnen Sie aber an, dass es die Überschrift findet, eine passende Szene dazu auswählt und schließlich auch das Bild sehr genau beschreibt.

***

Der erste Schritt ist damit abgeschlossen.

SCHRITT 2

2.1 – Welche Gefühle werden wach?

Richten Sie Ihre Konzentration jetzt auf den Inhalt des Bildes. Erinnern Sie sich an das Geschehen und die Gefühle, die dieser Vorfall bei Ihnen ausgelöst hat und vielleicht auch jetzt schon wieder auslöst. Aber Achtung! Für Ihr Vorhaben brauchen Sie Ihre belastenden Gefühle nicht in voller Intensität zu erinnern, es reicht eine Ahnung davon zu haben. Also:

Halten Sie Distanz und lassen Sie sich nicht von den Gefühlen mitreißen!

Sie sollen sich an das Geschehen erinnern und eine Ahnung bekommen, welche Gefühle das in Ihnen ausgelöst hatte, bzw. jetzt wieder auslöst. Sie sollen momentan aber nicht in diese Gefühle eintauchen und vor allem nicht darin untergehen. Behalten Sie so viel Distanz, dass Sie ohne Mühe wieder aus dem belastenden Erleben heraus können. Wenn Sie erst einmal für ein paar Stunden weinen müssen, ist die Distanz zu gering und Sie sind kaum in der Lage, den nächsten Schritt zu tun. Für den FFT-Prozess brauchen Sie nur einen Eindruck von den Gefühlen, die in Ihnen abgelaufen waren. Wenn diese jetzt erneut entstehen, halten Sie sie bewusst klein.

Gelingt es nicht, genügend Distanz zu behalten, müssen Sie mit kleinen Tricks arbeiten. Oft hilft es schon, das Bild weiter weg von sich aufzuhängen oder es sich kleiner vorzustellen. Machen Sie es so groß wie eine Briefmarke und machen sich gleichzeitig klar, dass Sie in diesem Moment nicht in der Situation sind, die da abgebildet ist. Wenn auch das nicht reicht, hängen Sie – in der Vorstellung – einen Vorhang davor. Einen, der den direkten Blick verwehrt, wobei Sie aber wissen, dass das belastende Bild noch dahinter hängt.

Sollten Sie sich doch in einem belastenden Gefühl verlieren, besteht Ihre einzige Aufgabe darin, zuerst wieder in einen stabilen inneren Zustand zu kommen. Stabil bedeutet nicht gefühllos: Man kann auch stabil und dabei ziemlich wütend oder traurig oder enttäuscht sein. Wenn Ihnen das nicht mehr gelingt, brechen Sie den Versuch ab, sich jetzt mit diesem Thema zu beschäftigen. Richten Sie Ihre Aufmerksamkeit auf etwas anderes. Etwas, bei dem Sie Ihre volle Konzentration brauchen und sich damit ablenken können. Bei einem zweiten Versuch sollten Sie von vornherein mehr Gefühlsabstand halten.

Die Belastungsskala

Zur Kontrolle sollten Sie versuchen, die Intensität Ihres Erlebens einzuschätzen. Nutzen Sie eine Belastungsskala von 0-10, auf der die 0 dafür steht, dass Sie keine Gefühlsbelastung erleben und die 10 für die höchste Belastung, die Sie sich vorstellen können. Wo befinden Sie sich im Moment? Für unsere Fragestellung sollten Sie anfänglich eine 5 nicht überschreiten. Nur wenn Sie besser geübt sind, geht auch mal mehr.

2.2 – Das eigene Erleben wahrnehmen und benennen

Beschreiben Sie jetzt, was sich in Ihnen abspielt. Was erleben Sie an Gefühlen und Empfindungen? Sind Sie angespannt oder erleben Sie eine Trauer, sind Sie zornig oder enttäuscht? Vor allem kommt es darauf an, zu erfassen, wo

> **Begriffsklärung: Emotionen und Gefühle**
>
> Die Begriffe Emotionen und Gefühle werden oft als austauschbare Bezeichnungen verwendet. Wenn wir etwas genauer hinschauen, dann haben wir auf der einen Seite mit den Emotionen reflexhafte emotionale Prozesse, die sich über Jahrtausende entwickelt haben und die wir mit allen höher entwickelten Säugetieren (wie beispielsweise Hunden und Katzen) gemeinsam haben. Die Basisemotionen Wut, Furcht, Trauer, Freude, Ekel und Überraschung dienen als Hilfsmittel im Überlebenskampf. Sie laufen ab, ohne dass eine reflektierte Bewertung der Situation stattfindet und gehen immer mit spezifischen körperlichen Prozessen zusammen. Einiges davon können wir im Körper empfinden, z. B. die Anspannung, die von einer Angst hervorgerufen wird oder die Last auf dem Brustkorb, wenn man traurig ist.
>
> Gefühle hingegen entstehen durch die bewusste Wahrnehmung und Reflexion dieser Empfindungen.
>
> Also! Emotionen sind zuerst da und lösen im Körper etwas aus, was wir dann empfinden. Wenn wir diese Empfindungen wahrnehmen und darüber nachsinnen, entstehen Gefühle. Gefühle sind somit komplexer als Emotionen. Gefühle können sich aus mehreren Basisemotionen zusammensetzen.
>
> Wenn man seine Empfindungen im Körper nicht spürt, bzw. diese ignoriert, kann es sein, dass man seine (Basis)-Emotionen nicht mitbekommt und folglich auch kein Gefühl hat.

und wie Sie was im Körper erleben. Ist es so, als hätten Sie eine Last auf der Brust oder als würde etwas Ihren Hals zuschnüren? Fühlen Sie sich wie aufgezogen oder unter Strom?

Ist das Zentrum des Körpergeschehens im Kopf, im Bauch, im Nacken, den Beinen, den Händen? Alles ist möglich, der gesamte Körper kann betroffen sein. Hier brauchen Sie nicht zwischen Gefühlen und Empfindungen zu unterscheiden. Spüren Sie einfach hin und beschreiben Sie, was Ihnen dabei begegnet.

Beispiele:

«Ich bin traurig, mein Brustkorb fühlt sich ganz eng an, so als würde eine schwere Last darauf liegen.»

«Es rumort in meinem Bauch, es fühlt sich an, als würde mir alles gleich hochkommen.»

«Mein Nacken ist total verspannt, meine Schultern sind steif, dabei halte ich die Luft an.»

«In meinem Kopf fühlte es sich ganz leer an, so als könnte ich gar nicht denken.»

«Mir fehlt die Orientierung, weiß nicht wo es lang geht, so als würde ich in einem Nebel stehen.»

«Mein Herz schmerzt, als würde es von etwas zusammengedrückt werden. Dabei zieht das Gefühl hoch in den Hals, da drin ist es ganz eng.»

2.3 – Eine Skulptur formen

Jetzt folgt der schwierigste Schritt. Allerdings ist dies nur bei den ersten Malen der Fall. Hat man das Prinzip erst einmal verstanden, geht es später ganz einfach. Die Aufgabe heißt, jetzt ein Abbild von dem, was Sie in Ihrem Körper erleben, vor sich in den Raum zu stellen. Wenn ich Sie auffordern würde, Ihr Erleben auf ein Blatt Papier zu malen

SCHRITT 2

Abbildung 3, zu Punkt 2.4, Projektion der Gefühle
Grafik: R. Krätzig

und dazu, die danebenstehenden Farben zu nutzen, hätten viele vermutlich kein Problem damit. Ich gehe aber noch einen Schritt weiter. Ich bitte Sie, Ihr emotionales Erleben in ein dreidimensionales Gebilde zu übersetzen und dieses so in den Raum zu stellen, dass es genau zwischen Ihnen und dem Bild steht. Das geschieht allein in Ihrer Vorstellung und dazu brauchen Sie etwas Fantasie. Spüren Sie in sich hinein und formen dann vor Ihrem inneren Auge eine Skulptur, die Ihrem Erleben entspricht. Wenn Sie die Prozesse in sich eher hart und fest erleben, wie zum Beispiel bei einer hohen Anspannung, wird die Skulptur aus hartem Material geformt, also aus Stahl, Beton oder Stein. Ist das Geschehen in Ihnen eher diffus und schwer greifbar, wird auch die Skulptur entsprechend. Vielleicht sind dann Tücher, Wasserinstallationen, Gaswolken oder Nebel die passenden Werkstoffe.

Machen Sie das aber bitte nicht zu genau. Lassen Sie sich nicht dazu verführen, sich in Details zu verlieren. Das ist nicht notwendig, weil Sie diese Projektion Ihrer Gefühle lediglich dafür benötigen, um mit Ihrer unbewussten Psyche zu korrespondieren. Diese weiß aber längst, um was es geht. Wir brauchen es ihr nicht noch lange zu erklären. Das Bild Ihnen gegenüber an der Wand verweist auf die Situation und Ihr Erleben, und Ihre Gefühle sind die Antwort Ihrer Psyche darauf. Im Kopf ist also längst das neuronale Netzwerk aktiviert, welches wir ansprechen wollen. Deshalb reicht auch eine ungefähre Abbildung der Gefühle.

Schauen wir auf ein paar Beispiele:

- Mirko hat eine große Last auf der Brust, das Atmen fällt schwer. Er macht daraus eine große, graue Steinplatte, die aufrecht im Raum steht.
- Uwe erlebt sich hin und her gerissen zwischen Zorn und Trauer. Er stellt eine meterhohe graugrüne Plastik in den Raum, die aus Eisenstangen besteht, die mit Stacheldraht und einem schwarzen Tuch umwickelt sind.
- Ein stechender Schmerz in der Brust wird zu einer roten Lanze, die im Boden steckt.
- Eine Traurigkeit, die vor allem in den Augen spürbar ist, wird zu Wasser in einem großen dunkelgrauen Gefäß
- Eine Anspannung in Nacken und Schultern wird als stählerne graubraune Ritterrüstung dargestellt.
- Ein kaum greifbares Gefühlsgemisch wird zu einem großen vielfarbigen Bündel verschiedener Materialien visualisiert. Alles zusammengehalten von klebrigen, weißen Spinnfäden.
- Marisa erlebt ein Brennen im Bauch und fühlt sich dabei gleichzeitig verwirrt im Kopf. Sie macht daraus einen großen braunen Topf auf einem Feuer, aus dem giftgrüne Dämpfe heraussteigen, welche die Umgebung vernebeln.
- Eine andere Frau stellt sich eine bräunliche, schleimige und

glitschige Masse vor, die sich auf dem Boden ausbreitet, als Abbild für die Übelkeit, die das Geschehen auslöste.
- Ein armdickes dunkelblaues Stahlseil wird als Entsprechung für die erlebte Ausweglosigkeit beschrieben.
- Ein brennendes **verknotetes** Hanfseil steht für brennende, verknotete Gefühle im Leib.
- Ein großer schwarzer Kasten steht für das Engegefühl in der Brust.
- Eine graue Nebelwolke entsteht als Entsprechung für die eigene Orientierungslosigkeit.

Wichtig! Diese Aufstellung ist keine Vorgabe für Ihre Bilder, sondern benennt nur beliebige Beispiele. Jede Person macht ihre eigenen Skulpturen. Ich erlebe selten, dass verschiedene Personen dieselben Bilder benutzen, auch wenn sie ihr Gefühlserleben vergleichbar formulieren. Bei dem einen wird ein Gewicht eher durch das Material Stein abgebildet, bei einem anderen durch Stahl. Der eine übersetzt Ausweglosigkeit in einen Dschungel, der andere in ein Stahlgeflecht, der dritte in einen undurchdringlichen Nebel. Verlassen Sie sich ganz auf ihre Intuition beziehungsweise Ihr Gefühl für das, was jetzt gerade stimmig ist.

Beachten Sie lediglich, dass da vor Ihnen ein <u>Abbild</u> der Gefühle entsteht, also nicht die Gefühle selbst aufgebaut werden. Wenn Sie sich in Ihrer Brust eingeengt fühlen - wie von einer Schraubzwinge, dann legen Sie nicht sich selbst in die Mitte, mit einer überdimensionalen Schraubzwinge an Ihrem Körper. Für Sie selbst brauchen Sie ebenfalls eine Übersetzung in einen Gegenstand. Da wäre dann vielleicht ein Stück Holz passend, das von der Schraubzwinge eingeklemmt wird. Wenn Sie für sich selbst eher etwas Weiches suchen, nehmen Sie zum Beispiel ein Kissen und legen es in der Vorstellung unter einen schweren Stein, eine Stahlplatte oder ähnliches.

Regel: In die Mitte kommt nichts lebendiges, sondern nur «tote» Materie. Also auch kein Goldfisch im Glas, keine lebendige Pflanze und erst recht kein herausgerissenes Organ von Ihnen selbst. Das blutende Herz mit einem Nagel darin, habe ich öfter als ersten Vorschlag gehört – folgen Sie dieser Idee auf keinen Fall. Für alles lässt sich ein Ersatz finden. Bleiben Sie hier kompromisslos. Wenn Sie diese Regel nicht beachten, scheitert der Vorgang mit großer Wahrscheinlichkeit.

Probleme?

Wenn Sie Probleme mit dem Schritt 2.3 haben, hilft vielleicht das Folgende: Kehren Sie noch einmal zum Schritt 2.2 zurück. Beschreiben Sie Ihr Gefühlserleben jetzt aber etwas genauer. Normalerweise nehmen wir das Geschehen im Körper diffus wahr und beschreiben es auch nur ungefähr. Jetzt gehen Sie bitte ins Detail. Beschreiben Sie die Vorgänge in ihrem Körper mit Begriffen von Raum, Material, und Farbe und benennen Sie auch Bewegung, innere Dynamik und Zusammenwirken, falls so etwas wahrnehmbar ist.

<u>Raum</u>: Welche räumliche Ausdehnung hat das Gefühl in ihrem Körper? Ist es ein klar unbegrenztes Areal oder hat es einen fließenden Übergang in die Umgebung. Ist es eher kugelig oder lang ausgestreckt. Besteht es aus mehreren Strängen oder ist es aus einem Stück?

<u>Material</u>: Fühlt sich diese Region, auf die wir gerade schauen, eher fest oder eher weich an. Denken Sie bitte mal nicht daran, dass das alles aus organischem Gewebe ist (Muskeln, Sehnen, Knochen, Bindegewebe, Organe), son-

dern vergleichen und beschreiben es mit nichtorganischen Materialien. Welche Beschaffenheit drängt sich da auf: Wie die von Gummi, Holz, Wasser, zähem Teig, Sand, Draht ..?

<u>Farbe</u>: Welche Farbe hat das Ganze in Ihrer Vorstellung. Wenn da noch keine Farbe ist, entscheiden Sie sich für eine und stellen sich das farbige Gebilde in Ihrem Körper vor.

<u>Bewegung</u>: Jetzt stellen wir noch die Frage, in welcher Weise sich das Ganze bewegt. Ist es bewegungslos oder pulsiert es? Vielleicht im Takt des Atems, vielleicht zusammen mit dem Herzschlag, vielleicht verändert es sich auch mit jeder Bewegung Ihres Körpers? Welche Zusammenhänge gibt es zwischen dem Geschehen in den verschiedenen Körperregionen. Wirkt das eine auf das andere oder sind die Teile unabhängig und überlagern sich nur im Erleben?

Jetzt sollte Ihnen der Schritt 2.3 leichter gelingen.

Sonderfälle

Manchmal fällt es schwer, die eigenen Gefühle wahrzunehmen. Man weiß, dass da was ist, kann aber nicht dahin durchdringen. Diesen Umstand können Sie auch als Ausgangspunkt für Ihr Gefühlsgebilde nutzen: Die nicht wahrnehmbaren Gefühle werden dann vielleicht durch etwas Verdecktes und/oder Verschlossenes dargestellt. Vielleicht einfach durch einen Vorhang, der Ihnen den Blick versperrt. Das schwer Greifbare vielleicht durch etwas Glitschiges, das sich schwer greifen lässt. Die Gefühle, zu denen Sie nicht vordringen können, werden vielleicht als Nebel dargestellt, der Ihnen den Blick verstellt oder als ein Safe, für den Sie keine Kombination haben.

Wenn alles nichts hilft, geht es manchmal mit einem einfachen Ersatzmittel: Stellen Sie in Ihrer Vorstellung einen geschlossenen Pappkarton vor sich auf den Boden. Darin befindet sich das Abbild Ihres gerade erlebten Gefühls. Es darf auch eine Holzkiste oder jede andere Form von Gefäß sein – auf jeden Fall verschlossen bzw. nicht einsichtig. Ihre unbewusste Psyche weiß ja, um was es geht. Dann arbeiten Sie mit diesem geschlossenen Karton weiter. Nutzen Sie diese Möglichkeit wirklich nur, wenn nichts anderes geht.

Abbildung 4, zu Punkt 3.1, Die Skulptur zerstören
Grafik: R. Krätzig

> Auch wenn es uns nicht so vorkommt, sind es meist unbewusste Schichten unserer Psyche, welche die Vorgaben in unserem alltäglichen Handeln machen. Unser Bewusstsein ist dennoch in der Lage auch mal die Führung zu übernehmen. Genau das werden wir jetzt tun.
>
> Im Theorieanhang können Sie etwas mehr über das Miteinander von unbewussten und bewussten Aspekten Ihrer Psyche erfahren.

SCHRITT 3

3.1 – Ihre weise Seite greift ein

Wenn alles funktioniert hat, befindet sich zwischen Ihrem Bild und Ihnen jetzt die Projektion Ihrer Gefühle: ein dreidimensionales Gebilde aus einem Werkstoff oder einer Mischung von mehreren Materialien. Am einfachsten funktioniert der aktuelle Schritt, wenn Sie sich vorstellen könnten, sich in zwei Personen aufzuteilen. Eine Person steht für Ihre unbewusste Psyche, also die Seite, die gerade das belastende Gefühl für eine angemessene Lösung hält. Die andere Person steht für Ihr Wachbewusstsein. Gerne spreche ich auch von einem weisen Anteil. Diese weise Seite ist überzeugt, dass die schlechten Gefühle jetzt unangebracht sind und will deshalb der unbewussten Psyche beibringen, jetzt auf diese Gefühle zu verzichten.

Schlüpfen Sie jetzt in diesen weisen Anteil, stehen auf und stellen sich seitlich neben das Gefühlsgebilde. Sie können das in der Vorstellung machen oder tatsächlich aufstehen. Sie werden jetzt Ihrer unbewussten Psyche zeigen, was mit den schlechten Gefühlen zu tun ist.

Weil die unbewusste Psyche besser auf eine klare Bildsprache hört als auf gute Worte, reden wir nicht auf unser Unbewusstes ein, sondern zeigen ihm in einer kleinen Phantasie, was jetzt mit den belastenden Gefühlen geschehen soll. Wir zeigen es, indem das im Raum stehende Abbild der Gefühle zerstört, zerlegt, auflöst und/oder entfernt wird.

Jedes Gebilde braucht eine andere Behandlung. Überlassen Sie es Ihrem Gefühl oder Ihrer Intuition, was genau zu tun ist. Manches muss abgebaut oder zerlegt werden, anderes eingeschmolzen, aufgelöst, verbrannt oder einfach weggezaubert werden. Es gibt so viele Lösungen, wie es Probleme gibt, es macht aber auch nichts, wenn immer derselbe Weg gewählt wird. In der obigen Skizze zerlegt ein hilfreicher Baumexperte die schwere Holzkugel mit seiner Kettensäge.

Die meisten wissen sofort, mit welchen Mitteln das Gefühlsgebilde bearbeitet werden soll. Manche brauchen Anregungen, brauchen erst den Hinweis darauf, dass wir - in der unbegrenzten Welt der Fantasie - alle Werkzeuge dieser Erde zur Verfügung haben und auch jede Menge fleißiger Spezialisten darauf wartet, zum Einsatz gerufen zu werden. Wenn da eine riesengroße, sperrige und/oder schwere Gefühlsprojektion steht, greift man eben zu den großen Maschinen und den Spezialwerkzeugen, um etwas zu bewirken. Das, was der wachbewusste, weise Anteil hier tut, wird von der unbewussten Psyche als Anweisung verstanden und die Anweisung ist, dass die belastenden Gefühle ohne Mühe jetzt sofort verschwinden. Auch wenn für den leidenden Teil die Gefühle riesengroß sind und sich das alles ausweglos anfühlt, lässt sich der weise Anteil davon nicht beeindrucken. Er geht vollkommen respektlos mit dem Abbild der

Leidensgefühle um. Wenn es aus brennbarem Material ist, fackelt er es einfach ab. Ist es aus Eisen, wird es mit dem Schweißbrenner zerlegt oder gleich direkt mit einem großen Kran in den Hochofen gehoben. Ein Proband machte es sich noch einfacher, er stellte sich eine Klappe vor, die er mit einem Hebel öffnete und ließ seine stählerne Konstruktion direkt in den Vulkan darunter fallen.

Machen Sie es sich möglichst einfach, machen Sie es dennoch sehr genau. Stellen Sie sich detailliert vor, wie der Kran seine Kette am Gefühlsgebilde befestigt und es dann anhebt und zum Hochofen fährt (den Sie sich der Einfachheit halber auch direkt nebenan vorstellen sollten). Wenn Sie etwas verbrennen wollen, geben Sie sich nicht mit einer kleinen Flamme zufrieden. Greifen Sie eher zum Flammenwerfer als zum Feuerzeug. Geht es darum, einen Nebel aufzulösen, mühen Sie sich nicht damit ab ihn selber wegzupusten, sondern stellen Sie sich lieber eine Flugzeugturbine vor und lassen Sie diese laufen. Denn auch mit dieser Wahl vermittelt der weise Anteil Ihrem Unbewussten, dass die belastenden Gefühle ganz einfach und mühelos weg gehen. So, als würden Sie Ihrem Unbewussten sagen: «okay ich verstehe ja, dass es für Dich angemessen erscheint, alles als schwer belastend und ausweglos erscheinen zu lassen. Das war offenbar lange Zeit eine gute Lösung für Dich. In dem Fall, den wir gerade hier bearbeiten, zeige ich Dir etwas Neues. Hier, sieh zu, ich löse dieses sperrige Gebilde einfach auf und schaffe es weg. Du machst das jetzt im Körper genauso mit den belastenden Gefühlen!»

Schutzmaßnahmen beachten

Es ist übrigens kein Zufall, dass der Mann auf dem Bild

eine komplette, professionelle Schutzkleidung trägt. Vernachlässigen Sie bitte auf keinen Fall notwendige Schutzmaßnahmen. «Wieso», könnte man einwerfen, «das geschieht doch alles nur in der Fantasie, was soll da passieren?» Das ist grundsätzlich wahr, aber es geht darum, der unbewussten Psyche jede Möglichkeit zu nehmen, den Prozess zu boykottieren. Wenn man das Gefühlsgebilde zum Beispiel mit Dynamit sprengt, könnte die unbewusste Psyche den Gedanken aufwerfen, dass diese Sprengung auch die zu nahe stehenden Personen verletzt hat, dass sprengen also keine gute Lösung ist. Man darf die Bereitschaft zum Widerstand und die Listigkeit dieser Seite nicht unterschätzen. Beim allerersten Durchlauf hat man noch wenig davon zu erwarten, aber wenn die unbewusste Seite erst mal mitbekommen hat, dass hier in ihre Systeme eingegriffen wird, muss man sehr genau und manchmal auch sehr bestimmt im Handeln sein. Wer also mit Sprengstoff hantiert braucht einen Schutzbunker oder entsprechend dicke Schutzwände. Die kann man auch aus Glas gestalten, um noch zu sehen, was passiert.

Zu den Vorsichtsmaßnahmen gehört auch die Vorgabe, dass die weise/wachbewusste Seite keine Diskussionen mit dem leidenden Teil der Person darüber führt, was sie machen möchte. Machen Sie es einfach! Wenn Sie die leidende Seite doch in eine Sinndiskussion gelockt hat und es Ihnen schwerfällt, den Sinn Ihres Tuns zu belegen, müssen Sie eventuell erst mal Pause machen und sich Argumente aus dem theoretischen Anhang holen. Lesen Sie ein paar Seiten dort, erfahren Sie, warum dieser Weg okay ist und machen Sie danach weiter. Ihr Unbewusstes liest dabei mit und Sie müssen es Ihm nicht nochmal erklären.

Zur Vermeidung von Diskussionen hilft auch, den gesamten Prozess streng in seinen einzelnen Schritten zu durchlaufen. Es wird dabei immer nur ein Schritt allein gemacht, in der vorgegebenen Reihenfolge. Die Schritte vorher und nachher interessieren dabei nicht, man konzentriert sich nur auf das, was gerade ansteht. In Schritt 3.1 heißt die Aufgabe also lediglich: Ein intelligenter Mensch, mit Zugriff auf alle Maschinen dieser Erde sowie ein Heer von Hilfskräften, einschließlich Zauberern und deren magischen Mitteln, trifft auf das Abbild der Gefühle. Er hat die Aufgabe, diese aus der Welt zu schaffen oder zumindest tiefgreifend zu zerstören oder zu zerlegen. Da das alles im Bereich der Fantasie und ihren unbegrenzten Möglichkeiten stattfindet, sollte diese Aufgabe nicht schwer zu lösen sein. Mit Fragen über Sinn oder Unsinn des Ganzen befasst sich dieser Mensch in diesem Moment überhaupt nicht. Es geht auch nicht um Ökologie, Umweltverschmutzung oder ähnliches. Was nicht ausschließt, dass von manchen Menschen saubere Lösungen bevorzugt werden. Die Idee, ein Schrottgebilde nicht zu vergraben, sondern in den Hochofen zur weiteren Nutzung zu geben, ist manchem angenehmer. Andere wollen ihre steinerne Gefühlslast aber lieber im Meer versenkt sehen, als diese zur weiteren Nutzung im Straßenbau zu zerschreddern.

3.2 - Den Film noch einmal anschauen

Manche bleiben in Aufgabe 3.1 sitzen und führen die Aufteilung in den leidenden und den weisen Teil nur in der Vorstellung durch. Andere stehen auf und treten für einen Moment seitlich neben die Gefühlsprojektion, um sich besser in den weisen Anteil hinein finden zu können. Für beide Lösungswege gilt, sich jetzt wieder an der Stelle einzufinden, wo Sie vorher gesessen haben und sich in den leidenden Anteil hinein zu denken. Schauen Sie sich aus dieser Position und aus diesem Blickwinkel eine Wiederholung der

Zerstörungsszene an. Schauen Sie zu, wie die weise Seite die Maschinen selbst betätigt oder die Hilfskräfte beauftragt, ihr Zerstörungswerk zu tun. Achten Sie dabei genau auf die Stelle vor sich: Da, wo eben noch das Gefühlsabbild stand, ist Momente später nichts mehr oder sind nur noch Teile, Asche oder andere Reste. Das Gebilde ist nicht mehr intakt oder nicht mehr da. Das ist die entscheidende Information, die in Ihrem Kopf ankommen soll.

3.3 - Kann es so bleiben?

Spüren Sie in sich hinein, ob das jetzt so bleiben kann oder ob noch irgendwas zu tun ist. Vielleicht muss noch Asche weggefegt werden oder die Teile müssen vom Verschrottungsdienst abgeholt werden. Manche brauchen es, alles in Ordnung zu bringen, andere sind da eher großzügig. Lassen Sie in Ihrer Vorstellung alles geschehen, was Ihnen noch notwendig erscheint. Auch das sollte alles ganz leicht ablaufen. Mühen Sie sich in Ihrer Fantasie nicht selbst auf den Knien mit Eimer und Wischlappen, sondern stellen sich eher eine Putzkolonne vor, die professionell und schnell mit allen Mitteln arbeitet. Erst wenn alles okay ist, lassen Sie – wie in einem Theater mit Drehbühne – die Szenerie im Off verschwinden. Kehren Sie auch in Ihrer Vorstellung wieder an den Ort zurück, an dem Sie tatsächlich die ganze Zeit sind. Orientieren Sie sich wieder in der realen Wirklichkeit.

***

Manchmal tauchen Probleme beim Zerlegen oder Auflösen der Gefühlsabbilder auf. Mitunter reicht es sich einen Ruck zu geben und einfach ein anderes, stärkeres Gegenmittel zu nutzen oder im Zweifel einfach mit magischen

Mitteln zu arbeiten. In seltenen Fällen funktioniert das aber auch nicht. Ist das bei Ihnen gerade der Fall, blättern Sie vor zum Abschnitt «Problemfälle» auf Seite 61.

SCHRITT 4

4.1 - Eine kleine Unterbrechung

Schauen Sie noch nicht gleich wieder auf das Bild, welches Ihnen - in der Vorstellung - noch immer gegenüber hängt oder steht. Vielleicht schließen Sie für einen Moment Ihre Augen und nehmen ganz bewusst einen etwas tieferen Atemzug, atmen wieder aus und räkeln und schütteln sich ein bisschen.

Spüren Sie jetzt in sich hinein, um zu erforschen, wie es Ihnen aktuell geht. Sind die Gefühle und das Erleben von eben noch da oder hat sich etwas in Ihnen verändert? Versuchen Sie so offen wie möglich dafür zu sein, wie es jetzt tatsächlich in Ihnen aussieht. Lassen Sie sich nicht von Erwartungen lenken. Es gibt drei Möglichkeiten zu dem was sie jetzt vorfinden und wie es danach weitergeht.

4.2 - Drei Möglichkeiten, wie es weitergeht

Möglichkeit 1

Es ist jetzt keine Belastung mehr da. Sie spüren nichts mehr von den unangenehmen Gefühlen und haben auch zu dem Geschehen keinen negativen Bezug mehr. Sie sind innerlich in Distanz zum Ganzen und erleben dies als Entlastung, Erleichterung oder in irgendeiner anderen positiven Weise.

Konzentrieren Sie sich auf das positive Erleben. Dann legen Sie Ihre Unterarme vor dem Körper über Kreuz und klopfen mit ihren Händen <u>abwechselnd</u> auf Ihre Oberarme. Links und rechts im Wechsel, etwa 10 bis 20 Mal leicht klopfen. Vielleicht fällt Ihnen auch noch eine Überschrift für das positive Gefühl ein, so etwas wie: «Ich fühle mich stark», «Ich stehe aufrecht», «Ich kann mich auf mein Gefühl verlassen» oder ähnliches. Nehmen Sie nicht einen beliebigen positiven Satz, sondern finden einen, der zu dem Gefühl und der bearbeiteten Situation passt. Den meisten fällt das nicht schwer, die Worte kommen einfach. Haben Sie ihren Satz, klopfen Sie noch eine Runde (10 bis 20 Mal) mit dem Satz im Kopf und dem Blick innerlich auf das gute Gefühl gerichtet. Sollte gerade kein Satz entstehen, machen Sie sich keinen Druck, sondern bleiben einfach bei Ihrem guten Gefühl und klopfen noch eine Runde. Sie können übrigens solange weiter klopfen, wie es Ihnen gefällt. Manchmal löst das Klopfen noch eine Vertiefung des guten Erlebens aus.

Möglichkeit 2

Das eben noch lastende Gefühl ist deutlich weniger, aber nicht vollkommen verschwunden. Sie empfinden dennoch eine Entlastung oder Erleichterung, fühlen sich befreit oder ähnlich positiv – auch wenn klar ist, dass da noch Reste des Negativempfindens sind.

Wenn das bei Ihnen so ist, konzentrieren Sie sich für einen Moment ausschließlich auf das positive Erleben. Dann legen Sie Ihre Unterarme vor dem Körper über Kreuz und klopfen mit ihren Händen <u>abwechselnd</u> auf Ihre Oberarme. Links und rechts im Wechsel, etwa 10 bis 20 Mal leicht klopfen.

Da noch innere Lasten da sind, geht es danach, wie für die Möglichkeit 3 beschrieben, weiter.

Manchmal kann man dieses Beklopfen der positiven Zwischenergebnisse nicht durchführen, weil die noch vorhandenen belastenden Gefühle sich zu sehr aufdrängen. Dann kämpfen Sie bitte auch nicht dagegen an, sondern machen sofort weiter, wie für Möglichkeit 3 beschrieben. Es geht also in die nächste Runde und Sie fangen wieder bei Schritt 2 an.

Möglichkeit 3

Sie erleben immer noch eine deutliche emotionale Belastung. Vielleicht ähnlich wie vorher, vielleicht verschieden, aber in jedem Fall ist da noch einiges.

In diesem Fall geht der Prozess sofort in die nächste Runde. Dass nach der ersten Runde schon alle Lasten weg sind, kommt öfter vor, aber ebenso oft braucht es mehrere Durchläufe bis zu einem guten Abschluss. Wer also jetzt noch Lasten erlebt, sei beruhigt. Ihr Ziel werden Sie noch erreichen, aber dazu müssen Sie den Durchlauf noch einmal oder eventuell auch öfter machen. Die Arbeit geht weiter und zwar bei Schritt 2. Das Bild haben Sie ja schon und das bleibt bis zur Auflösung der Belastung dasselbe. Im Unterschied zum ersten Durchlauf werden Sie jetzt aber in sich ein anderes Gefühl ausmachen, als vorher. Auch wenn es sich vielleicht ähnlich wie vorher anfühlt, werden Sie bei genauer Betrachtung Unterschiede feststellen. Die «Farbe» des Gefühls hat sich leicht geändert und/oder der Ort im Körper ist etwas verschoben. Auch die räumliche Ausbreitung der Empfindungen kann anders sein. Manchmal nur ganz leicht, manchmal deutlich unterschieden. Nur in sehr seltenen Fällen ist es in der zweiten oder einer folgenden Runde noch komplett dasselbe Gefühl wie vorher. Tritt dieses Phänomen auf, sollte es als Hinweis darauf verstanden werden, dass Fehler gemacht wurden oder ein Schritt zu ungenau abgearbeitet wurde. Legen Sie also Wert auf die Unterschiede. Lassen Sie sich nicht darauf ein, wenn Ihnen Ihre unbewusste Psyche vorgaukeln möchte, dass das Gefühl von vorhin jetzt immer noch genauso da ist, wie vorher. Das wäre nämlich ein gutes Argument Ihrer Psyche dafür, dass FFT keinen Sinn macht, so als würde sie sagen: «Lass doch am besten alles so wie es ist, aus dem schlechten Gefühl gibt es einfach keinen Ausweg». Aber es ist nicht dasselbe Gefühl, es ist ein anderes, eine andere Schicht in Ihrem Körper, ein anderer Aspekt, ein anderer Blickwinkel.

Schicht um Schicht

Gefühle sind ein komplexes Geschehen, die ihnen zugrunde liegenden Emotionen finden an verschiedenen Stellen im Körper statt. Jeder Aspekt, jeder Winkel des Körpers kann dabei betroffen sein. Manches wird stärker empfunden als anderes, was dazu führt, dass manche Empfindungen im Körper zunächst durch andere überdeckt sind und erst zum Vorschein kommen, wenn die intensiveren Empfindungen bearbeitet wurden. Die Arbeit findet daher oft in mehreren Schichten statt. Keine der Schichten ist dabei weniger wichtig als die anderen. Sie sind alle Teil desselben Gesche-

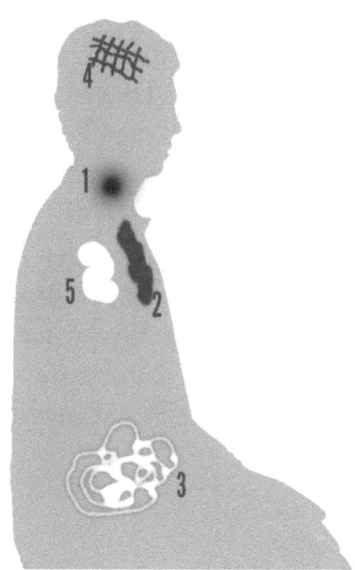

Abbildung 5, zu Punkt 4.1, Schicht um Schicht bearbeiten

Grafik: R. Krätzig

hens, ausgelöst durch die aktuelle Last.

In Abbildung 5 auf der vorherigen Seite sind 5 Orte im Körper betroffen. Als erstes wird von dem jungen Mann ein Kloß im Hals (1) benannt. In der zweiten Runde berichtet er über eine Last auf der Brust (2), danach über eine Hitze im Bauch (3), eine Enge im Kopf (4) und zum Schluss über ein Gefühl in der Herzgegend, als wäre das Herz eingeklemmt. Am Ende der fünf Durchläufe erlebt er eine Erleichterung in allen fünf Regionen und darüber hinaus.

Sollte sich also in einer Fortsetzungsrunde Ihr Gefühl und das dazu gehörige körperliche Empfinden noch ähnlich wie im Schritt vorher anfühlen, werden Sie dennoch, vermutlich ganz von allein, eine leicht andere Farbe für die Gefühlsskulptur verwenden und auch in Größe, Form und Material zumindest leichte Unterschiede zu der Skulptur des vorherigen Durchlaufs machen. Nehmen Sie diese Unterschiede wahr und machen sich klar (bzw. Ihrer unbewussten Psyche), dass das jetzt nicht dieselbe Skulptur ist wie vorher. Die vorherige wurde vernichtet oder zumindest weggeschafft. Die vorherige kommt nicht wieder! Wie bereits gesagt, legen Sie nicht dieselbe Projektion zweimal vor sich hin, damit würden Sie die Arbeit boykottieren. Ihre unbewusste Psyche hätte gewonnen mit Ihrer Behauptung, dass man da eben nichts machen kann, es keine Lösung gibt und alles Bemühen vergeblich ist.

***

Warum brauchen die einen nur einen Durchgang und andere mehrere? Das hängt davon ab, wie sehr die Person durch das Geschehen belastet ist. Wenn gerade grundlegende Themen dieses Menschen, wie sein Lebensthema, (was das ist, wird im Anhang erklärt) berührt sind, wird die Belastung deutlich größer ausfallen und tiefer gehen, als wenn einen etwas nur beiläufig betrifft. Weil die Wenigsten genau wissen an welchen Stellen sie besonders leicht verwundbar sind, macht es wenig Sinn darüber nachzudenken. Es bleibt nur übrig, einfach solange weiterzumachen, bis sich alle belastenden Gefühle aufgelöst haben oder man mit dem verbliebenen Rest auskommen kann. Man darf in dieser Methode auch Pausen machen oder auch einfach mal keine Lust mehr haben und aufhören.

4.3 - Nicht übertreiben

Also, für die einen geht es jetzt weiter bei Schritt 2, die anderen gehen zum abschließenden Schritt 5. Sollten Sie jetzt aber schon zum fünften Mal an dieser Stelle gelandet sein und immer noch emotionale Lasten in sich haben, empfehle ich, jetzt eine Unterbrechung zu machen. Machen Sie eine kleine oder eine größere Pause, nachdem Sie den Schritt 5 absolviert haben. Gestalten Sie die Pause hinsichtlich Länge und Art der Beschäftigung ganz nach Ihren Bedürfnissen. Das reicht von einer wenige Minuten währenden (etwas trinken, auf die Toilette gehen) Auszeit bis hin

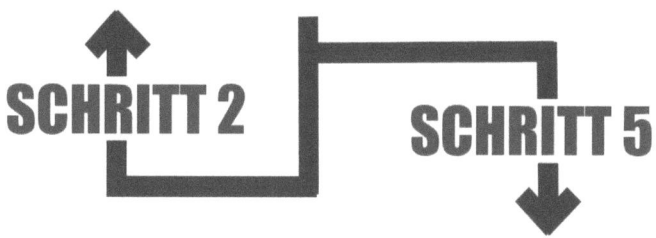

Abbildung 6, zu Punkt 4.2, Noch einmal oder abschließen
Grafik: R. Krätzig

zur mehrtägigen oder mehrwöchigen Unterbrechung, mit mehr oder weniger normalem Tagesgeschehen. Manchmal ist das Thema nach einer Unterbrechung nicht mehr greifbar, weil in der Pause noch etwas «nach gereift» ist, manchmal kann man ohne weiteres an das letzte Gefühl ankoppeln und genau dort weitermachen.

SCHRITT 5 – ABSCHLUSS

Sie sind jetzt hier, weil der ein- oder mehrfache Durchlauf der Feel-Free-Technik

- alle emotionalen Lasten aufgelöst hat oder
- Sie mit dem verbleibenden Rest klarkommen oder
- Sie jetzt eine Pause machen sollten oder
- Sie einfach keine Lust mehr haben.

Ganz gleich was Sie hierher geführt hat, allen stellt sich dieselbe Aufgabe: Setzen Sie einen klaren Schlusspunkt. Hören Sie nicht einfach auf und gehen Ihrem Tagewerk nach. Scheinbar wäre dann die Aufgabe zu Ende, aber gedanklich sind Sie vielleicht noch mittendrin. Es könnte sein, dass Ihre unbewusste Psyche noch in Zuhörerhaltung ist und aus dem, was im Anschluss folgt, eventuell eine Fortsetzung der Lernsituation macht. Ein paar falsche Gedanken und alles eben Gelernte, wird vielleicht wieder aufgelöst.

Deshalb brauchen wir ein klares Ende. Dazu gehört, dass Sie das in Ihrer Vorstellung noch aufgehängte Bild im Geiste abhängen. Wollen Sie später noch weitermachen, legen Sie es gedanklich zur Seite. Vielleicht in einen fantasierten Raum, den Sie nicht zufällig betreten werden, sondern nur, wenn Sie absichtsvoll weiter machen wollen. Brauchen Sie das Bild nicht mehr, weil die Szene abschließend bearbeitet ist, entsorgen Sie es. Das gehört noch zu der Lernaufgabe für das Unbewusste dazu. Als würden Sie zu ihm sagen: «So, Du hast jetzt verstanden, wie Du ab heute mit diesem Thema umgehen sollst. Deshalb brauchen wir das Bild auch nicht mehr. Also, weg damit!»

FALLBEISPIELE:

Sie brauchen noch Anregungen oder wollen einmal erfahren, was andere mit FFT bearbeiten? Es folgen einige Beispiele aus meinem Praxisalltag. Alle haben so stattgefunden, nur die Namen wurden geändert.

Beispiel 1

Vivian ist genervt von den Wutausbrüchen ihres Mannes. Aus kleinstem Anlass heraus, fängt er an zu schreien, wirft dann Türen, greift sie verbal an und wirft ihr dabei immer wieder vor, ihm nicht das zu geben, was er braucht. Jeden Wutausbruch erlebt sie als erneutes Scheitern all ihrer Versuche, etwas verlässliche Harmonie in die Familie zu bringen.

Sie hängt ein Bild an die Wand, auf dem ihr Mann gerade angefangen hat, wütend und laut zu reden. Das erste Gefühl ist eine Enge im Hals und ein Knoten im Bauch. Sie benennt das Gefühl als pure Wut und skizziert zwei graue Kugeln aus einem harten Material vor sich auf den Boden. Eine sieht sie etwas dunkler und etwa einen halben Meter hoch (sie zeigt die Größe mit den Händen), die zweite liegt auf der anderen oben auf und ist etwas heller und etwas kleiner. Beide sind aus Beton.

Ein kräftiger Helfer mit einem großen Hammer zerschlägt beide zu Krümeln und weiter zu Staub. Ein hinzu gedachter Windstoß weht diesen einfach weg. Schnell ist von den Kugeln nichts mehr zu ahnen.

In der zweiten Runde spürt Vivian einen Druck in der Brust, eine Enge im Hals und auch eine Enge im Bereich der Stirn. Alles zusammen erlebt sie wie eine schwere Platte aus Stahl, die sie dann auch gleich vor sich im Raum stehen sieht. Jetzt lässt sie einen Kran anrollen, der die Platte in einen nahestehenden, aktiven Vulkan versenkt. Die Vorstellung, dass sich die Platte in der Magma auflöst, erlebt sie als beruhigend. Dieses Erleben beklopft sie eine Runde (ca. 20 Klopfer links und rechts im Wechsel auf ihre Oberarme).

Da ist aber noch immer eine deutliche Last! Im Magen spürt sie eine brennende Hitze, die sie dann auch gleich als lodernde Flamme vor sich flackern sieht. Mit einem großen Schaumlöscher wird sie von Helfern gelöscht und der Schaum danach mit viel Wasser weggespült. Dann kommt noch eine Putzkolonne, die alles trocken wischt. Jetzt geht es ihr deutlich besser, was sie mit einer Runde Klopfen (links rechts) unterstreicht. Zum Schluss kommt ihr der Gedanke, dass Ihr Mann reagiert, als wäre er überfordert. Ihr fällt auf, dass sie ihn noch nie gefragt hatte, warum er so laut wird. Sie hatte sich immer gleich in Streitereien mit ihm verheddert. Sie nimmt sich vor, mit ihm – ganz friedlich - zu reden.

Beispiel 2

Mark wird von seiner Vorgesetzten in den neuen Arbeitsbereich eingearbeitet. Dabei wird diese schnell abfällig, reagiert unwirsch auf wiederholte Fragen und hat offenbar wenig Verständnis für Probleme eines Quereinsteigers bei der Arbeit mit neuen Computerprogrammen.

Im Schritt 1 sieht Mark auf dem Bild die unfreundliche Vorgesetzte mit erhobenem Zeigefinger vor sich. Das erste Gefühl ist Machtlosigkeit und Minderwertigkeit, die er in seinem Körper als etwas Bleischweres in der unteren Körperhälfte spürt. In Schritt 2 projiziert er einen Haufen oranges Gelee vor sich. Seine Skulptur ist aus einem schweren Material, welches er aber nicht genau benennen kann – «auf jeden Fall ist es schwer». Auch ohne eine genauere Benennung hat er eine Lösung für den Schritt 3. Das Gelee wird eingefroren und dann mit Hämmern zerschlagen. Das Einfrieren geschieht mit zwei großen Maschinen, die links und rechts positioniert werden. Das Zerschlagen übernimmt er selbst. Das Wegräumen übernehmen dann aber Hilfskräfte. Schon nach dem ersten Schritt ist er zufrieden. Er fühlt sich jetzt nicht mehr untergeordnet, sondern auf Augenhöhe. Er kann zwar noch nicht mit der für ihn neuen Software umgehen, weiß aber, dass er hinreichend Berufserfahrung und Können mitbringt. Er erkennt das Verhalten seiner Vorgesetzten als Hilflosigkeit. Sein Zorn auf sie ist weg, sie tut ihm eher leid.

Beispiel 3

Die junge Silke kommt aktuell mit ihrem Partner nicht klar. Gegenwärtiges Konfliktthema ist die Handynutzung der elfjährigen gemeinsamen Tochter. Die Frau hat entdeckt, dass sich das Mädchen viel zu freizügig und naiv im Netz präsentiert. Sie sieht die Gefahr, dass diese Informationen zulasten der Tochter verwendet werden und diese im Extremfall auch Opfer eines Mobbings werden könnte. Deshalb wirkt sie auf die Tochter ein, ihre Internetpräsenz deutlich zu verändern. Gleichzeitig richtet der Partner von Silke für das Mädchen eine Seite ein, auf der sie sich noch viel umfassender präsentieren und dabei auch Filme von sich erstellen und einstellen kann. Die Bitte von Silke an ihren Partner, dies zurückzunehmen und sie in ihrer Haltung zu unterstützen, tut er mit einer genervten Geste ab.

Mit FFT brauchen wir drei Durchläufe, um einen entspannten Blick auf die Situation zu bekommen. Sie benutzt ein Bild ihres Partners – in dem Moment festgehalten, als er vermeintlich ‹cool› vor ihr steht und genervt abwinkt.

Im ersten Durchgang erlebt sie eine große Wut im ganzen Körper. Diese wird zu einer grau-schwarzen Säule aus einer Art Keramik. Mit einem großen Hammer zerschlägt sie selbst die Säule und zerklopft verbliebene größere Stücke, bis alles klein ist. Danach springt sie auch noch (wie ein Kind) auf den Resten herum. Die kurze Erleichterung währt aber nicht lange. Der erneute Blick auf das Bild ruft eine starke Traurigkeit hervor. Sie spürt im Herzen eine Last, es scheint davon vollkommen umschlossen. In der Projektion wird daraus ein großer hellgrauer Felsen. So groß, dass sie sich nicht vorstellen kann, dass man diesen bewegen kann. Sie muss erst angeregt werden, dass es auch riesengroße Baumaschinen gibt, für die so ein Felsen eine Kleinigkeit ist. Weil sie auch keine Idee hat, was mit diesem Felsen geschehen soll, greift sie meinen Vorschlag auf, diesen an der nahen Küste tief im Meer zu versenken. Wieder erlebt sie einen kleinen Moment der Entlastung, um im nächsten Moment aber eine im ganzen Körper gespürte Wertlosigkeit zu erleben. Diese wird zu einem großen unförmigen (eher rundlich) grauen Gebilde, das aus einem steinartigen Material besteht. Mit einer großen Maschine, die Steine zersägen kann, wird dieses Gebilde erst quer halbiert und dann in schmale Scheiben zerschnitten. Diese Scheiben zerschlägt sie selbst im Anschluss noch mit einem großen Hammer. Die Reste werden mit einer großen Baumaschine aus dem Blickfeld geschoben. Jetzt fühlt sie sich im ganzen Körper leicht. Dies beklopft sie (links rechts an ihren Oberarmen ca. 20 Mal) und formuliert dazu noch den Satz: „jetzt ist endlich Ruhe".

Beispiel 4

Die 45-jährige Sabine hätte mit ihren Enkeln in Urlaub fahren können, tat dies aber nicht, weil sie nicht wagte, ihren Sohn zu bitten, die Pflege ihrer kranken Mutter für diese Zeit zu übernehmen. Wir schauen auf ein Bild des Sohnes, auf dem er deutlich macht, dass er seine eigenen Belange für wichtiger als alles andere hält. Diese Szene ist schon einige Jahre her, wird dennoch als Bezugspunkt gewählt. Im ersten Schritt erlebt sie ein ätzendes Rumoren im Magen und sie hält die Luft an. Beides übersetzt sie in eine grüne schwere Masse, die glitschig ist und als großer Haufen vor ihr im Raum liegt. Diese Masse wird mit einem starken Sauger abgepumpt. Dabei gibt es Probleme, der erste Sauger ist nach kurzer Zeit verstopft. Also wählen wir einen größeren Sauger und unterstützen den Absaugvorgang zusätzlich mit einer Wasserspülung aus einem dicken Schlauch. Nach kurzer Zeit ist alles frei. Danach fühlt sie im Bereich ihres Herzens eine Enge. Diese wird zu einem Stück Holz, das von einem großen schmutzigen Schraubstock eingeklemmt ist. Ein kräftiger Mann kommt, dreht den Schraubstock auf und nimmt beides mit. Damit ist diese Szene ebenfalls abgeschlossen. Danach – im dritten Durchgang - kommt ein Gefühl von Enttäuschung. Im Körper erlebt sie es irgendwo zwischen Herz und Kopf. Sie übersetzt es in einen grauen düsteren Nebel. Wenn man in diesen hineingerät, wird man orientierungslos herum stapfen und nicht mehr herausfinden. Mit einem Lichtstrahl wird der Nebel zuerst zerschnitten und danach mit Wärme aufgelöst. Nach diesem Schritt fühlt sie sich leichter, jetzt ist nur noch ein Druck in der Brust da, wieder in der Region des Herzens. Diesen gestaltet sie als einen großen Stein, wie man ihn am Strand der Ostsee vorfindet. Zur Lösung trägt ein Helfer den Stein auf ein Boot, fährt hinaus aufs Wasser und versenkt ihn an einer tiefen Stelle.

Der verbleibende leichte Druck ist für sie okay. «Das ist doch angemessen dafür, dass man sich nicht traut, seinen eigenen Sohn um Entlastung zu bitten. Den behalte ich.»

Beispiel 5

Eric leidet darunter, dass seine Freundin Brit ihn offenbar selten versteht. Sie ist dabei schnell beleidigt und entsprechend aufgebracht. Trotz aller Bemühungen sich verständlich zu machen, erreicht er oft das Gegenteil und verärgert sie, «ganz gleich, wie sehr ich mich bemühe, meine Worte auf die Goldwaage zu legen». Seine Anstrengungen erlebt er wie eine schwere Last, die er als Felsen vor sich in den Raum stellt. Ein Felsen, der so groß ist, dass er selbst «den nie bewegen könnte». Für einen großen Bagger ist es dagegen spielend leicht. Der kommt und lädt den Stein auf einen Lkw, der diesen abtransportiert. In einem zweiten Durchlauf erlebt er eine Mischung aus vorsichtiger Kritik an seiner Freundin, gemischt mit einer Angst, wieder das Falsche zu sagen. Er übersetzt diese Gefühlsmischung in eine Feder, die gerne sanft zum Boden sinken würde, aber immer weiter hin und her bewegt wird, weil die herrschenden Winde zu stark sind. Die Lösung ist einfach, er macht einfach alle umliegenden Türen und Fenster zu, so dass der Wind aufhört und die Feder in Ruhe zu Boden sinken kann. Gerne nimmt er meine Anregung auf, dass sich die Feder auf dem Boden in einen ausgewachsenen Ganter verwandelt, der stolz dasteht und seine Flügel weit öffnet.

In einem dritten Durchgang taucht noch ein Zweifel auf - wie schaffe ich einen anderen Umgang mit ihr -, den er als Kribbeln im Bereich des Kopfes und der Oberarme spürt. Dieses Kribbeln übersetzt er in einen Bienenschwarm, der an einem Ast hängt. Eine sehr passende Übersetzung für den, bei ihm sehr vielschichtig auftauchenden Zweifel an sich selbst. Jetzt muss ein professioneller Imker kommen, der den Bienenschwarm in einen entsprechenden Kasten verfrachtet und damit davongeht.

Aufmerksame Leser haben vermutlich bemerkt, dass hier gegen die Grundregel verstoßen wurde, für die Gefühlsprojektion niemals lebende Wesen zu verwenden. Ich hatte es leider auch erst zu spät bemerkt. Aber in diesem Fall war es okay, weil die Lösung mit dem Imker nicht erforderte, dass lebendige Wesen vernichtet werden müssen, um eine Lösung zu erreichen.

Beispiel 6

«Ich werde nur ausgenutzt», sagt Susan, mit Blick auf ihre Kollegen. Immer wieder lässt sie sich dazu überreden, Aufgaben für andere zu übernehmen, für frischen Kaffee zu sorgen, und sich auch immer wieder mal mit den Sorgen anderer auseinanderzusetzen. Auf ihrem Bild ist es Kollege Bernd, dem sie gerade Kaffee einschenkt. Zu diesem Bild gehört auch die Erinnerung, dass Bernd sie Momente später am Kopierer beiseite gedrängt hatte. In einem ersten Durchgang erlebt sie eine Enge im Hals, die sie als rostiges, kugeliges Metallgebilde vor sich in den Raum stellt. Mit einer großen Flamme wird das Metall eingeschmolzen und die wieder fest gewordene Metallpfütze über einen Rand aus dem Sichtfeld geschoben.

Danach spürt sie eine Anspannung in sich, verursacht durch zwei konkurrierende Anliegen. Da ist auf der einen Seite ihr Wunsch, anderen zu gefallen und sich deshalb zurück zu nehmen und freundlich zu bleiben. Damit konkurriert ihr Ärger über die Ignoranz des Kollegen. Aus der Gefühlsmischung entsteht eine Figur eines Maulwurfs, der eine Karre zieht und eine Blume in einer Pfote hält. Alles ist aus rostigen Metallblechen zusammengezimmert, wirkt alt und abgewrackt. Im nächsten Schritt wird alles von einer Walze plattgedrückt und danach ebenfalls über den Rand aus dem

Blickfeld geschoben. Jetzt geht es ihr gut. In ihrer Vorstellung geht sie ganz entspannt und ruhig in die Szene am Kopierer, stellt Bernd zur Rede, und lässt ihn lächelnd bei der nächsten Kaffeerunde aus.

Beispiel 7 - mit Hindernissen

Leons Problem ist die arrogante Haltung eines Kollegen ihm gegenüber. Auf dem Bild sieht er das Gesicht des Kollegen in typischer, hochnäsiger Mimik. Als Gefühlsantwort benennt er, ein Loch im Bauch zu spüren. Eine Leere, in der seine Energie verschwindet und die er schlüssig auch als Loch im Boden vor sich wiedergibt. Seine ersten Versuche dieses Loch zu füllen scheitern, weil es sich wieder auftut, nachdem der als Füllstoff verwendete Sand ebenfalls hineingezogen ist. Offenbar gibt es unter der Oberfläche einen riesigen Hohlraum, der alles verschlingt, was zum Stopfen verwendet wird. Das Loch im Boden ist nur der Zugang dazu. Wir brauchen hier also nicht nur ein paar Schubkarren Füllmaterial, sondern müssen in ganz anderen Dimensionen denken. Eine große Stahlplatte als Verschluss des Loches wird erwogen, dann aber abgelehnt, weil das Loch darunter dann immer noch da ist – für ihn nicht sicher genug. Wir bestellen also eine ganze Armada von Lastwagen, die gut gefüllt mit Flüssigbeton anmarschieren. Einer nach dem anderen versenkt seine Ladung in der Tiefe und schließlich ist das Loch geschlossen. Damit das nicht zu lange dauert, lassen wir den Film im Zeitraffer laufen.

Hier hätte man auch mit magischen Mitteln antworten können und zum Beispiel mit Zauberkraft den ganzen Untergrund füllen können. Einfaches Prinzip: Wenn die Psyche sagt, dass die Last große Dimensionen hat, arbeiten wir als Antwort mit noch größeren Ausmaßen. Wenn auch das nicht reicht, müssen wir noch einmal neu auf das Ganze schauen. Irgendetwas Wichtiges haben wir dann vermutlich übersehen oder nicht hinreichend beachtet.

Beispiel 8 - mit einer interessanten Variation der Technik.

Die Eifersucht von Heike gegenüber der Ex ihrer Beziehungspartnerin ist ein schwieriges Thema. Schon vier Ebenen haben wir mit der Feel-Free-Technik bearbeitet. Im fünften Durchlauf erlebt sie im ganzen Körper eine Unruhe und ein unangenehmes Prickeln. Sie visualisiert dies als ein Bündel von vielfarbigen Luftballons, die im nächsten Schritt entknotet werden und davonfliegen. Sie erlebt Erleichterung. Aber da sind immer noch belastende Gefühle im Körper. Weil ihr die Methode inzwischen so vertraut ist und bei ihr die einzelnen Schritte blitzschnell aufeinander folgen, fasst sie die drei ersten Schritte der Technik zusammen. Jetzt schließt sie die Augen, spürt in sich hinein und stellt sich vor, wie die noch verbliebenen Gefühle direkt im Körper in Luftballons verwandelt werden und dann, einer nach dem anderen aus ihrem Körper heraustreten und davonfliegen. Sie genießt es, sich so ganz einfach und direkt zu entlasten. Das eine oder andere Gefühl wird nicht zu einem Luftballon, sondern zu verschiedenfarbigen Kugeln, die aus dem Körper herausfallen und auf dem schrägen Boden davonrollen. Nach einigen Minuten erlebt sie sich als vollkommen gereinigt.

PROBLEMFÄLLE:

In jedem einzelnen Schritt kann es manchmal schwierig werden.

1

Beim <u>Schritt 1</u> fällt es manchem schwer, aus einer Fülle von Ereignissen und Situationen einen Moment herauszugreifen und als Bezugspunkt festzulegen. Vielleicht aus Angst, nicht genau die entscheidende Situation zu treffen und sich mit Nebenaspekten herumzuschlagen, während das Wichtigste unberührt bleibt. Hier heißt die Aufgabe, eine Entscheidung zu treffen. Sollte tatsächlich nicht der zentrale Punkt erwischt worden sein, kann man nachher immer noch damit weiter arbeiten.

Nehmen Sie die Überschrift, die Sie in Punkt 1.1 für das anzugehende Problem ausgewählt hatten, als Orientierung für das Finden eines dazu passenden Geschehens. Heißt die Überschrift zum Beispiel: «Mein Freund hört mir nicht zu», dann suchen Sie eine Erfahrung aus, die für diesen Satz ein gutes Beispiel ist, also eine Szene in der Ihnen Ihr Freund nicht zugehört hatte. Sollte dieses Geschehen etwas länger gedauert haben, suchen Sie nach dem Moment, der Sie am meisten belastet hatte. Jetzt kommt noch die Frage, aus welchem Blickwinkel man diesen Moment am besten erfassen kann. Es muss nicht immer das sein, was Sie selbst durch Ihre Augen gesehen haben. Manchmal ist es hilfreich, aus einem ganz anderen Blickwinkel auf die Szene zu schauen.

2

Der <u>Schritt 2</u> ist für manche kinderleicht, für andere ein echtes Problem. Nicht jeder ist es gewohnt, in sich hinein zu horchen, sein Empfinden im Körper zu erspüren und zu benennen. Manchen fällt es leichter, Worte für ihre Gefühle zu finden, als die dazugehörigen Regionen und die Prozesse darin im Körper ausfindig zu machen. Hier hilft nur, regelmäßig zu üben. Wer seine Gefühle nur denkt, aber nicht ihre körperliche Entsprechung spürt, kann mit der hier vorgestellten Technik kaum erfolgreich sein. Also denken Sie nicht, sondern spüren Sie.

Auch im Kopf kann man Empfindungen haben. Vieles kann dort wahrgenommen werden und ebenfalls als Arbeitsmaterial für unser Anliegen dienen, es muss nur detailliert betrachtet werden. Fühlt sich der Kopf an, als ob er gleich platzt, weil (gefühlt) von außen Druck ausgeübt wird oder drückt etwas von innen nach außen? Wo genau wird die Leere im Kopf gespürt, wo der Schwindel, das Gedankengewitter oder das Dröhnen im Schädel. Erlebt man das Gefühl eher als etwas kompaktes, hartes oder weiches Geschehen. Ist es diffus oder klar umrissen und welche Farbe könnte man ihm zuordnen. Diese Genauigkeit ist wichtig, damit die Projektion der Gefühle nach außen gut gelingt. Mit dem genauen Erfassen bereiten wir auch die unbewusste Psyche auf die kommende Umstrukturierung vor.

3

Beim Schritt 3 wehrt sich manchmal etwas gegen das Auflösen der Gefühlsprojektion. Die eingesetzten Maschinen versagen oder die Flammen, die es verzehren sollen, haben keine Kraft und verlöschen. Gehen Sie darüber nicht mit Gewalt hinweg. Hier kann es sein, dass Ihr Unbewusstes nicht versteht, was Sie von ihm wollen und Gegenargumente hat, die zumindest gehört werden sollten.

a) Wenn das Grundthema ein Konflikt in einer Partnerschaft ist, taucht öfter das Argument auf, dass man die Gefühle in Bezug auf den anderen nicht einfach wegmachen sollte, weil sie doch zu der Beziehung dazugehören und im Miteinander geklärt werden müssen. Hier hilft das Argument, dass wir mit der vorliegenden Methode einer Klärung nicht im Weg stehen. Wir entfernen nur das Gefangen sein in Gefühlen, die unsere unbewusste Psyche hinzugesteuert hat, annehmend, dass diese Gefühle jetzt angemessen seien. Meist sind diese Gefühle aber alles andere als angemessen. Sie erzeugen nur Leid und werden jeglichen Versuch einer Klärung vereiteln, wenn wir nicht eingreifen. Lesen sie ruhig im theoretischen Anhang einmal nach, warum das so ist. Oder glauben Sie mir einfach und versichern Ihrer zögernden Seite, dass Sie nur etwas wegnehmen, was überhaupt nicht hierher gehört.

b) Manchmal wehrt sich die unbewusste Psyche, weil sie nicht versteht, dass nur belastende und störende Emotionen beseitigt werden sollen. Sie wehrt sich, weil sie befürchtet, die gesamten Gefühle zum Gegenüber auflösen zu sollen, also auch die positiven, liebevollen etc. Hier braucht es mehr Klarheit. Manchmal reicht es, diesen Fakt einfach nur zu denken: «Alles okay, ich will nur die Lasten loswerden, der Rest bleibt erhalten!» Besser wäre aber, diese Botschaft auch auf der Bildebene zu transportieren. Stellen Sie also neben die Projektion der negativen Gefühle ein Symbol, das für die positiven Aspekte Ihrer Partnerschaft/Freundschaft/Beziehung steht und welches auf keinen Fall berührt werden soll. Manche stellen eine Blume in sicherer Entfernung daneben, andere stellen sich ein Band vor, das sie und das Gegenüber miteinander verbindet. Dabei läuft das Band weit außen herum, in großem Abstand von dem Abbild der negativen Gefühle. Wenn die Skulptur dann abgebaut, weggefahren oder zerlegt wird, sollte man immer darauf achten, dass das positive Band unberührt bleibt.

4

Beim Schritt 4 geht es vorrangig um die Entscheidung, eine weitere Runde anzuschließen oder die Arbeit zu beenden. Wer noch eine deutliche emotionale Last spürt, wird vermutlich ohne zu zögern mit Schritt 2 weitermachen. Problematisch wird es erst, wenn die verbliebenen Gefühle nicht mehr so schwer wiegen. Froh, aus dem Gröbsten draußen zu sein, tendieren viele dazu, zu schnell abzuschließen. Dies ist verständlich, wenn man das Ziel von FFT vor allem darin sieht, sich etwas abzuregen und emotional runterzukommen. FFT ist aber mehr als ein Beruhigungsmittel. Man kann der eigenen Psyche etwas beibringen, zum Beispiel auf ähnliche Situationen, wie die gerade bearbeitete, zukünftig nicht mehr mit belastenden Gefühlen zu reagieren. Dazu lohnt es sich, eher noch die eine oder andere Runde mehr zu drehen, noch versteckte negative Emotionen aufzuspüren und zu bearbeiten.

Insbesondere wenn sich noch keine wirklich positiven Gefühle eingestellt haben, sollte man erneut auf das Bild schauen, auch wenn zunächst keine Belastung mehr gegeben scheint. Fahren Sie bei dem erneuten Blick auf Ihr Befinden die Empfindlichkeit Ihrer Sinne mehr und mehr hoch. Oft können Sie so noch Belastendes entdecken und häufig sind diese Entdeckungen auch wirklich wesentlich. Da taucht dann noch ein Gekränkt sein auf oder ein Zorn über erlebte Ungerechtigkeit, eine kaum greifbare Anspannung irgendwo im Körper oder andere klare oder diffuse Empfindungen. Greifen Sie diese auf und spielen Sie die Schritte damit durch. Meist lohnt sich diese Extraarbeit. Die Qualität des guten Gefühls am Ende ist deutlich besser und liefert oft den nachträglichen Beleg dafür, dass wirklich noch etwas fehlte.

Das Beklopfen des positiven Erlebens nach Schritt 3 wird

PROBLEMFÄLLE:

oft sehr kurz gehalten oder sogar völlig übergangen. Ich versichere Ihnen, dass dieses Klopfen etwas bewirkt und für die positive Wirkung von FFT mitverantwortlich ist. Lassen Sie es daher nicht aus. Jedes positive Ergebnis - und sei es noch so klein - sollte beklopft werden. Dazu legen Sie Ihre Unterarme vor dem Körper über Kreuz und klopfen mit ihren Händen abwechselnd auf Ihre Oberarme, während Sie zum positiven Erleben hinspüren. Links und rechts im Wechsel, etwa 10 bis 20 Mal leicht klopfen. Machen Sie es nur dann nicht, wenn ein belastendes Gefühl es nicht zulässt. Dann machen Sie sofort mit Schritt 2 weiter.

5

Beim Schritt 5 passiert es öfter, dass man den Abschluss vergisst, aus dem gerade erreichten, guten Gefühl heraus einfach aufsteht und sich wieder dem Tagewerk zuwendet. Hier besteht die Gefahr, dass die unbewusste Psyche weiter in einem Zustand verbleibt, in dem sie offen ist für neue Anweisungen. Das ist so ähnlich, als würde man eine in Trance versetzte Person am Ende der Behandlung nicht wieder aus der Trance zurückholen. Sollte Sie kurz danach Ihr Chef zusammenstauchen, würde das tiefer in Ihre Person dringen, als es Ihnen lieb ist. Um hier vorzubeugen, betreiben Sie den Abschluss sehr genau. Hängen Sie das Bild ab, vernichten es oder legen es beiseite für eventuell spätere weitere Durchgänge. Schließen Sie das Ganze mit einem bewussten Atemzug ab, räkeln und dehnen sich vielleicht noch ein bisschen, um auch dem Körper klarzumachen, dass jetzt etwas abgeschlossen ist und wenden sich erst dann den kommenden Aufgaben zu.

ERGÄNZUNGEN UND GEGENANZEIGEN

1. Die Feel-Free-Technik ist sehr einfach und wirkungsvoll. Wenn man sie einige Male durchgespielt hat, kann es passieren, dass man etwas den Respekt davor verliert und vielleicht damit anfängt, sie auch mal zwischendurch - sozusagen im Vorbeilaufen - anzuwenden. Ich möchte davor warnen. Die Umgestaltung der eigenen Person, das Neulernen eines anderen Umganges mit belastenden Momenten verdient es, einen angemessenen Rahmen zu bekommen. Dazu brauchen Sie keinen speziellen Therapieraum, sondern lediglich die Möglichkeit, sich hinreichend konzentrieren zu können. Für einen Moment sollte gewährleistet sein, dass Sie niemand anspricht, Sie kein Telefonklingeln herausreißt und auch im Hintergrund keine Musik und kein Fernseher oder anderes läuft, was immer wieder einen Teil Ihrer Aufmerksamkeit abzieht. Weil die Methode mit einiger Übung oft nur wenige Minuten benötigt, sollte diese Mindestanforderung machbar sein.

2. Die Methode ist so beschrieben, dass man sie auch alleine durchführen kann. Sollten Sie aber die Möglichkeit haben, diese Arbeit gemeinsam mit einem Freund, Kollegen oder Partner durchzuführen, funktioniert es oft leichter und das Ergebnis ist eventuell auch besser. Die Mitwirkung einer zweiten Person kann auch dabei helfen, Fehler im Ablauf zu vermeiden und sich nicht selbst zu boykottieren.

3. Die FFT-Schaltermethode stammt aus der Psychotherapie. Dort wird sie als effektives Werkzeug unter anderem in der Traumatherapie benutzt. Man kann damit einiges bewirken und auch tief gehende Umstrukturierungen erreichen. Dazu braucht man aber nicht nur diese Methode, sondern

auch einen professionell geschulten Therapeuten. Erwarten Sie nicht, ohne einen solchen Fachmann sich selbst oder einen anderen therapieren zu können.

Woran können Sie erkennen, dass Sie sich auf unsicherem Boden bewegen? Es ist ganz einfach: Wenn die Methode nicht wirkt, auch wenn Sie glauben alles genau nach Vorschrift gemacht zu haben. Dann hat Ihre unbewusste Psyche so starke Argumente gegen die gewünschten Veränderungen, dass Ihnen auch die hier vorliegende Technik nichts nutzt. Weil das Scheitern aber manchmal daran liegt, dass man irgendetwas übersehen hat oder einen kleinen Fehler eingebaut hat, sollten Sie es ruhig – am besten zu einem späteren Zeitpunkt - noch einmal versuchen. Haben Sie es zuerst allein probiert, könnte es auch helfen, jetzt jemanden zu Hilfe zu holen. Nehmen Sie aber bitte nicht die Person, mit der Sie gerade ein Problem klären wollen. Das wäre eine Überforderung für alle Beteiligten. Wenn Sie gerade angefangen haben, mit der Methode zu arbeiten, war das gewählte Problem vielleicht eine Nummer zu groß. Machen Sie erste Erfahrungen bitte mit ganz kleinen Lasten. Auf Ihrer subjektiven Belastungsskala nicht größer als 4-5 (von 10).

Gegenrede

Es könnte sein, dass bei Ihnen inzwischen der Eindruck entstanden ist, dass die unbewusste Psyche oft etwas «behindert» arbeitet und damit viele Probleme erzeugt. Das ist auch eines meiner Argumente für die fleißige Nutzung von FFT. Es gibt aber auch eine ganz andere Sichtweise. In der ist die unbewusste Psyche eher eine weise Instanz, die mit guter innerer Distanz zu sich selbst ausgestattet ist und auch an der Weiterentwicklung der eigenen Person interessiert ist.

Aus diesem Blickwinkel könnte man den häufigen Rückgriff auf alte Muster auch als Hinweis darauf verstehen, etwas im eigenen Denken und Handeln zu verändern, also noch etwas lernen zu sollen. So, als wollte die unbewusste Psyche zu ihrem bewussten Anteil sagen: «Hallo, kommt Dir Dein Verhalten nicht etwas merkwürdig vor? Das sind dieselben Empfindungen, die du schon als Kind hattest, sind die heute nicht etwas unpassend? Wach doch mal auf! Du verfügst doch inzwischen über ganz andere Möglichkeiten mit solchen Situationen umzugehen. Aber du nutzt diese nicht! Fang also endlich an, diese Möglichkeiten zu ergreifen und zu entwickeln. Und damit Dir das gelingt, wirst du wohl noch etwas lernen müssen».

Der, der blitzschnell beleidigt reagiert, wenn er auf einen Fehler hingewiesen wird, muss vielleicht lernen, dass Fehler zum Menschsein dazu gehören. Und über sich selbst muss er verstehen, dass er so wie er ist okay ist und dass zu diesem «okay sein» auch gehört, manchmal einen Fehler zu machen.

Der wiederholte Rückgriff auf alte Muster könnte also als ein Lernimpuls verstanden werden, eine Aufforderung nicht stehen zu bleiben, sondern sich als Person weiterzuentwickeln.

Auch für diesen Weg ist es notwendig, das eigene Leiden nicht einfach hinzunehmen, sondern kritisch zu betrachten und sich immer wieder mal zu fragen, welche Aufgabe sich darin wohl verstecken mag. Und dann kann man ja immer noch entscheiden, ob das Leid mal schnell mit FFT beiseite geschoben wird, um es dann später genauer zu betrachten oder ob man sich gleich hinsetzt, es genauer analysiert und sich seine Aufgaben daraus ableitet.

THEORIE

In der Feel-Free-Technik nutzen wir die Eigenschaft der unbewussten Psyche, dass sie durch Bilder leichter zu beeinflussen ist, als durch Worte. Das funktioniert sogar, wenn diese Bilder nur in der Vorstellung existieren. In fantasierten Bildern zeigen wir unserem inneren Navigator, dass er mit dem von ihm gewählten Verhaltensmuster (belastete Stimmung, schlechte Laune, Ärger et cetera) sofort aufhören soll. Die wichtigste Botschaft wird durch das Zerstören, Auflösen und/oder Wegschaffen der Abbilder des körperlichen Erlebens transportiert. Die damit verbundene Aufforderung heißt: «lass das», «hör auf damit», «das hilft jetzt nichts» und ähnlich. Diese Anweisung wird meist sofort verstanden. Die belastenden Gefühle verschwinden und gleichzeitig entsteht innerlich Distanz zum verursachenden Geschehen.

Schauen wir uns zuerst an, wieso es überhaupt dazu kommt, dass von der unbewussten Psyche Verhaltensmuster aufgerufen werden, die, von außen betrachtet, nicht optimal sind und eine gute Lösung eher behindern.

BEWUSST, UNBEWUSST – WER ENTSCHEIDET?

Wenn wir uns schlecht fühlen, sind wir überzeugt, dass diese Gefühle vollkommen angemessen sind, weil sie ja von den Umständen hervorgerufen wurden, die uns gerade so belasten. Wir erleben unsere Gefühle als angemessene Reaktion auf das, was um uns herum geschieht. Nun reagieren verschiedene Menschen meist verschieden – selbst bei vollkommen gleichen Geschehnissen. Allein aus dieser Tatsache kann man schließen, dass Gefühlsreaktionen vor allem von der individuellen Person abhängen. Die jeweiligen Umstände wirken zwar als Auslöser, aber was tatsächlich ausgelöst wird, entscheidet sich offenbar in der Psyche der betroffenen Person und ist abhängig davon, was dieser Mensch in seinem Leben bisher schon erlebt hat.

Kein Mensch stellt sich hin und denkt in einer schwierigen Situation darüber nach, wo und wann er ähnliches schon mal erlebt hat. Das geschieht blitzschnell in unbewussten Arealen unseres Kopfes. Wir haben darin so etwas wie ein Navigationssystem. Dort wird beständig überprüft, ob Ereignisse und Handlungen für uns positive oder negative Folgen haben und wie demzufolge angemessene Reaktionen aussehen müssen. Dabei gibt es ganz einfache Grundregeln. Von etwas, was negative Folgen hat, bewegen wir uns weg und auf das zu, bei dem wir positive Folgen erwarten. Die Steuerung der Person geschieht mit Emotionen (lateinisch: emovere = herausbewegen). Wir fühlen uns also unwohl oder wohl in mehr oder weniger deutlicher Intensität. Innerer Bezugspunkt für die Bewertung der aktuellen Gegebenheiten sind dabei immer die bereits gemachten Erfahrungen. Dabei muss man wissen, dass die Erfahrungen aus den ersten Lebensjahren ganz einfach deshalb einen besonderen Stellenwert haben, weil sie Grundlage für alles weitere sind. Auf ihnen werden die Grundstrukturen der entstehenden Persönlichkeit errichtet. Sie sind sozusagen das Fundament. Alles, was danach kommt, wird an ihnen gemessen. Die Erfahrungen der Kindheit bleiben auf diese Weise lebenslang Basis und Bezugspunkt des Handelns, Denkens und Erlebens - unbewusst.

Weil sich die Zeiten ändern und die Welt eines Kindes

auch anders beschaffen ist, als die eines Erwachsenen, kann es durchaus sein, dass die innere Navigation auch mal falsch liegt und die aufgerufenen Verhaltens- und Erlebensmuster einfach nicht passen. «Ach, das merkt man doch», wird mancher argumentieren, überzeugt, dass ihm – also seinem Bewusstsein - das nicht entgehen, er eingreifen und dann eben sein Verhalten ändern würde. Aber genau das ist unter bestimmten Umständen nicht möglich. Das Bewusstsein ist oft weit weniger frei, als wir annehmen. Die große Freiheit unseres Wollens existiert manchmal überhaupt nicht oder nur sehr eingeschränkt. Ein wichtiger Faktor ist dabei das Ausmaß des gerade erlebten Stresses.

Unter Stress zählen nur die alten Muster

Der Grad der jeweils gegebenen Freiheit des bewussten Denken und Handelns ist wesentlich davon abhängig, wie hoch der innerliche Stress ist. Denn im limbischen System – einem Teilsystem unseres Gehirns, das von Neurowissenschaftlern als Sitz zentraler psychischer Funktionen[1] verstanden wird - findet unter Stress ein Umschaltvorgang statt, der diese Freiheit wesentlich einschränkt. Unter Stress greift die unbewusste Psyche vorrangig auf das gesammelte Erfahrungswissen und damit auf bewährte Verhaltensmuster zurück. Das tut sie umso entschiedener, je mehr innerlicher Stress herrscht.

Dabei ist es gleich, welche Umstände den Stress verursachen. Hohe berufliche Anforderungen, private Probleme, Streitereien, Alltagsmissverständnisse, die verstopfte Straße oder einfach nur der falsche Ton in der Stimme des Gegenübers – alles kann dazu führen, dass die Psyche Stress erlebt

---

1 Vgl. Roth, G., Strüber, N. (2014), S. 63.

und das limbische System die Freiheit bewusster Entscheidungen einschränkt. Solange der innere Stresszustand anhält, greift die unbewusste Psyche auf gelernte Verhaltensmuster zurück, auch wenn diese womöglich kaum Erfolg versprechen. So etwas geschieht nicht selten, sondern ist Alltag. Ich vermute sogar, dass solche Prozesse hinter den meisten Alltagsproblemen der meisten Menschen stecken. Irgendetwas hat innerlich Stress ausgelöst und in der Folge reagiert die Psyche vollkommen unangemessen auf das gerade laufende Geschehen.

Vermutlich gibt es niemanden, der nicht schon einmal erlebt hat, dass sein Gegenüber ganz plötzlich umschaltet. Von jetzt auf gleich hat die andere Person plötzlich schlechte Laune, ist gereizt und aus heiterem Himmel entstehen Streitereien und schlechte Laune. Man selbst versteht überhaupt nicht, was gerade vorgefallen ist, aber der andere zeigt durch seine Reaktion, dass er durch irgendetwas innerlich in Stress geraten ist. Das plötzlich entstandene, für den Beobachter irritierende, Verhalten wirkt deshalb so unpassend, weil hier Verhaltensmuster aus ganz anderen Erfahrungsbereichen unseres Gegenübers verwendet werden. Weil man das selbst nicht nachvollziehen kann, wirkt es fremd und störend. Oft ruft es in einem selbst Irritation hervor, man fragt sich, wieso man plötzlich mit so unangenehmen Verhaltensweisen konfrontiert wird und rutscht dann eventuell auch selbst in alte Muster. Blitzschnell befindet man sich in einer Auseinandersetzung.

Hierzu ein Beispiel aus meiner paartherapeutischen Praxis: Eben waren beide noch ganz friedlich auf einem Volksfest miteinander spazieren gegangen, als er plötzlich aggressiv und abweisend wurde. Von einem Moment zum anderen wollte er da weg und hatte auch keine Lust mehr auf ein Miteinander im Anschluss. Rückblickend konnten wir erschließen, dass er glaubte, gesehen zu haben, dass seine Freundin einen freundlichen Blick mit einem anderen Mann gewechselt hatte. Dies hatte bei ihm Eifersucht ausgelöst und das Gefühl, nicht gemocht zu sein. Innerlich zog er eine Schutzwand hoch, wurde abweisend und schnitt sich von seinen liebevollen Gefühlen ihr gegenüber vollkommen ab. Tatsächlich war sie die ganze Zeit mit ihrer ganzen Aufmerksamkeit bei ihm und wäre nie auf die Idee gekommen, einem anderen einen Blick zu schenken.

Dem Mann war nicht bewusst, was sich da in ihm abspielte. Erst rückblickend konnte er erschließen was geschehen war. Das Wahrnehmen der Blickverbindung seiner Partnerin mit einem anderen Mann war seinem Bewusstsein ebenso entgangen, wie sein plötzliches Umschalten in emotionale Kälte und schlechte Laune. Nur weil seine Partnerin schon ein bisschen über seine Tendenz zur Eifersucht wusste und unmittelbar nach dem Geschehen gemeinsam mit ihm die Vorgänge erschloss, konnte er Zugang zu den ansonsten unbewusst gebliebenen Abläufen bekommen. Für sich selbst hätte er die Situation dann einfach damit erklärt, dass er plötzlich keine Lust mehr hatte auf dem Volksfest zu sein und lieber woanders allein sein wollte.

Das Beispiel zeigt auch, dass der Stress, der im Kopf dazu führt, auf unpassende Verhaltensmuster zurückzugreifen, blitzschnell und unbemerkt entstehen kann. In unserem Beispiel hatte der Mann den Wechsel seiner Stimmung beobachtet, aber er hatte sich zu keinem Zeitpunkt als gestresst erlebt. Deshalb reicht es auch nicht, das eigene Leben zu entstressen. Sicher wird man in einem ruhig geführten Leben seltener auf Probleme stoßen, aber es werden immer Themen bleiben, die in der eigenen Psyche Stress auslösen, ganz gleich wie friedlich ansonsten die Umstände gerade sind.

Lebensthema

Jeder Mensch hat solche Themen, an denen er berührbar ist. Sie entstehen vor allem in den ersten Abschnitten jeder Lebensgeschichte und hängen mit den Möglichkeiten und Grenzen zusammen, welche die Menschen, bei denen man aufwächst, mit sich bringen. Eltern oder deren Vertreter sind auch Menschen und damit in ihren Möglichkeiten begrenzt. Sie waren selber mal Kind, haben Schwächen und Stärken. Was ein Mensch nicht bekommen hat, wird er auch nicht weitergeben können. Die spezifischen Bedingungen der Welt, in der ein Kind aufwächst, bringen es mit sich, dass bestimmte Aspekte des Lebens in den Vordergrund treten. Erlebt ein Kind beispielsweise einen Mangel an angemessener Zuwendung, dann wird die Suche danach zum vorrangigen Thema. Auch wenn es wiederholt zu viel belastet wird, zu wenig gefordert, sich nicht geliebt oder ungerecht behandelt fühlt – um nur einige Möglichkeiten zu benennen -, wird es Tag für Tag Versuche und Anstrengungen unternehmen, um das Problem zu lösen oder den Schmerz zu lindern. Alles, was dabei auch nur annähernd eine Besserung bringt, wird zum Bestandteil der Verhaltensprogramme, die das Kind mit in das Erwachsenenalter nimmt.

Aber kann ein Kind überhaupt eine Lösung für solche Probleme finden? Kann ein Kind einen wesentlichen Mangel im Beziehungsgefüge durch sein Tun auflösen? Wohl kaum. Weil die wirklichen Ursachen bei den Erwachsenen liegen. Die Lösungen, die von einem Kind gefunden werden, gehen meist auf dessen eigene Kosten. Denn sie erfordern Anpassung, Verzicht, Schuldübernahme, Selbstentwertung und die Entwicklung innerer Überzeugungen, die vor allem dem Zweck dienen, die eigene Person zu begrenzen. Wirkliche Lösungen müssten von den beteiligten Erwachsenen ausgehen. Geschieht dies rechtzeitig, können die vorher entstandenen Wunden geheilt werden. Bleiben Kinder bei ihrer Suche nach Lösungen jedoch auf sich allein gestellt, bleibt die Not der Kindheit erhalten. Sie wird zu einem zentralen Thema im Leben dieser Person und beeinflusst alle Lebensbereiche.

Meine Bezeichnung dafür ist: «Lebensthema». Ein Lebensthema entsteht meist schon in der Kindheit aus dem heraus, was am meisten fehlt, zu viel oder in anderer Weise belastend ist. Ich vermute, dass jeder Mensch ein solches zentrales Thema hat. Es steht meist auch für eine Suche: Die Suche danach, die erlittenen Unstimmigkeiten zu beenden beziehungsweise diese endlich auszugleichen. Diese Suche wird so lange betrieben, bis das Ziel erreicht ist. Weil dies mit den gewählten Mitteln nicht funktioniert, währt die Suche lebenslang. Man könnte auch von einer Lebensaufgabe sprechen.

Interessant ist, dass sich das Lebensthema einer Person in allen problematischen Aspekten ihres erwachsenen Lebens wiederfindet. Arbeit, Familie, Freundeskreis, Kinder, selbst bei scheinbar Nebensächlichem flackert schon nach wenigen Sätzen das Lebensthema auf. Die Not der Kindheit entpuppt sich stets als Hintergrund jeder Art von Irritation, Ärger, Problemen und Konflikten in der Gegenwart.

Vielleicht ist es wichtig zu ergänzen, dass nicht jedes Verhaltensmuster aus der Kindheit schlecht ist. Menschen würden kaum so gut funktionieren, wenn sie nicht beständig auf Gelerntes zurückgreifen könnten. Vieles hat sich dabei bewährt, auch wenn manches davon aus den frühen Lebensabschnitten stammt. Problematisch sind nur solche «alten Programme», die aufgrund von belastenden Lebensumständen so programmiert wurden, dass sie später der eigenen Person nicht dienen. Auch wenn man es selbst vielleicht nicht bemerkt, steht man sich dennoch im Weg und agiert gegen die eigenen Interessen. Solche störenden alten Programme finden wir besonders um das Lebensthema herum. Ist das berührt, dominieren oft das Selbst beeinträchtigende und schädigende Verhaltensmuster.

Unpassende Verhaltensmuster

Was hat das nun mit dem FFT-Schalter zu tun, um den es hier im Buch geht? Die eben gemachten Aussagen führen zu der Annahme, dass sich ein Mensch meist deshalb schlecht fühlt, weil seine Psyche innerlich auf unpassende Verhaltensmuster zurückgegriffen hat. Dies hat sich auch in meiner psychotherapeutischen Praxis immer wieder bestätigt. Eine Ausnahme von dieser Vermutung ist mir nie begegnet. Irgendetwas aus dem aktuellen Geschehen hat das Lebensthema der Person – also eine alte Wunde – berührt und ihre Psyche dazu veranlasst, dazugehörige Verhaltensmuster aus der Kindheit aufzurufen. Dazu gehören auch die belasteten Gefühle aus dem Damals.

Für diesen Ablauf ist es vollkommen irrelevant, ob sich dieser Mensch an seine Kindheit erinnert oder etwas über sein Lebensthema weiß. Die unbewusste Psyche hat ihre eigenen Archive. Diese sind so genau, dass man umgekehrt die Schlussfolgerung wagen kann, dass es zu einem gegenwärtigen belasteten Erleben auch Geschehnisse aus der Kindheit geben muss. Wenn jemand als Erwachsener darunter leidet, nicht beachtet zu werden, hat er also auch als Kind darunter gelitten, nicht genug beachtet zu sein.

Das bedeutet nun nicht, dass jeder Mensch, der sich ab und zu mal schlecht fühlt, eine insgesamt schlechte Kindheit hatte. Auch unter ganz normalen familiären Umständen mit ganz normalen Eltern entstehen belastende Momente und bilden sich Lebensthemen aus. Eltern sind öfter mal unter Stress und brauchen Ruhe, Kinder haben aber jede Menge Energie und sind selten still. Eltern haben ihre Vorstellungen von Ordnung und Sauberkeit, Kinder haben dafür lange Zeit überhaupt keinen Sinn. Eltern haben oft enge Zeitpläne, müssen zur Arbeit, nachdem das Kind in den Kindergarten gebracht worden ist. Dazu gehört, zu einer bestimmten Zeit zu frühstücken und zu einer bestimmten Zeit aus dem Haus zu gehen. Kinder sind spontan, lassen sich schnell von einem Spiel faszinieren und können den Vorgaben und Rhythmen der Eltern lange Zeit wenig abgewinnen. Im Ergebnis enttäuschen Kinder immer wieder die Erwartungen ihrer Eltern. Geht es den Eltern einigermaßen gut, können sie noch gelassen reagieren und die kindliche Spontanität, das Chaos und die Unordnung hinnehmen. Ich möchte aber die Eltern sehen, die nicht doch irgendwann mit Ärger, Unmut oder Unruhe reagieren und zumindest in ihrer Mimik, ihrer Haltung und der ausgestrahlten emotionalen Atmosphäre deutlich machen, dass ihnen das nicht gefällt. Äußerungen wie: «Was ist los mit dir?», «Wie oft muss ich dir sagen ...?» oder: «Warum hörst du nicht?», sind noch relativ harmlos. «Wenn du so weiter machst, werden wir dich wieder umtauschen» oder: «Wir schicken dich ins Heim, da wirst du erzogen», sind deutlich schlimmer. Manche Eltern gehen verbal noch viel weiter, wenden Strafen oder sogar körperliche Gewalt an.

Kinder merken das, registrieren auch zurückgehaltene

Emotionen und übersetzen sich das Geschehen dahin, dass sie immer wieder die elterlichen Erwartungen nicht erfüllen. «Ich bin nicht gut genug», ist eine der häufigsten negativen Überzeugungen über die eigene Person[2]. Morty Lefkoe hat zusammen mit seinen Mitarbeitenden mit über 13.000 Klienten gesprochen. Dabei haben sie erfahren, dass 99 Prozent aller Kinder denken, sie wären nicht gut genug, wenn sie nicht tun, was die Eltern wollen. Hat so eine Annahme erst einmal Einzug in das eigene Denken gehalten, dauert es nicht lange, bis daraus auch eine Überzeugung wird. Es braucht nur der ganz normale Alltag weiterzugehen. Ist eine solche Überzeugung etabliert, fällt es schwer, sie wieder aufzulösen. Dazu muss man wissen, dass wir das, was wir über uns selbst und unseren Platz in der Welt denken, als maßgebliche innere Leitlinie nutzen. Unsere Glaubenssätze und Überzeugungen beeinflussen unser Denken, Fühlen und Tun. Grundsätzlich können sich Überzeugungen zwar ändern, viele bleiben aber mit erstaunlicher Konstanz lebenslang erhalten.

Eine negative Überzeugung über die eigene Person bleibt immer eine offene Wunde. Wird diese durch das aktuelle Geschehen, vielleicht auch nur beiläufig, berührt, gerät man sofort innerlich unter Stress. Oft bleibt dieser Stress unbemerkt, aber unser Gehirn hat längst wieder auf die alten – oft unpassenden – Verhaltensmuster zurückgegriffen. Diese sind so gestrickt, dass sie die vorhandenen negativen Überzeugungen eher bestärken, als aktiv dagegen anzugehen und Neues über sich und den eigenen Platz in der Welt zu lernen. Ein Mensch der annimmt: «ich bin nicht gut genug», wird nicht von allein und nicht automatisch zur Überzeugung gelangen, dass er so wie er ist vollkommen okay ist und genauso gut wie jeder andere. Dazu muss man aktiv aus der unbewussten

---

2 Vgl. Lefkoe, M. (2003).

Steuerung der eigenen Person aussteigen und mit Bewusstsein Neues lernen. FFT ist ein Werkzeug dafür.

Was war in der eigenen Geschichte schief gegangen?

Sie haben keine Ahnung, was in Ihrer Kindheit besonders belastend war? Sie können es ganz einfach herausbekommen! Dabei brauchen Sie nur auf das zu lauschen, was Sie selbst in einer belastenden Situation von sich geben. Schauen wir auf ein Beispiel.

Die Stadt ist voll und Parkplätze sind rar, Sie müssen aber schnell einen finden, weil die Zeit knapp ist. Eben hatten Sie einen entdeckt, standen schon davor, hatten den Blinker gesetzt und vielleicht schon angesetzt, in die Lücke hinein zu rollen … Da zieht ein anderer einfach rein, steigt aus und ist längst weg, während Sie selbst noch mit offenem Mund dasitzen und … Der eine wird wütend, der andere traurig. Einer fühlt sich ungerecht behandelt, der andere nicht gesehen, ein dritter nicht ernst genommen. Was würde der Vorgang bei Ihnen auslösen, mal angenommen, Sie hätten gerade nicht die innere Ruhe und Gelassenheit, das Ganze einfach zu ignorieren. Da Menschen verschieden sind, ist dieses Beispiel auch nicht für jeden geeignet, um zu den eigenen seelischen Wunden vorzudringen. Erinnern Sie sich dann einfach an eine beliebige andere Situation, bei der Sie innerlich unter Stress geraten waren.

Die Gedanken und Gefühle, die Sie in so einer Situation erleben, sagen etwas darüber, worunter Sie als Kind besonders gelitten hatten und was demzufolge bei Ihnen zu den seelischen Wunden bzw. Ihrem Lebensthema gehört. Der, der über die Ungerechtigkeit klagt, kennt Ungerechtigkeit auch von früher. Der, der sich nicht ernst genommen fühlt, fühlte sich auch als Kind öfter genauso. Ohne, dass man das selber ahnt, knüpft man an Erfahrungen aus ganz anderen Zeiten an und fühlt sich dann genauso wie in diesen Zeiten. Das macht die Gefühle in so einem Moment oft auch so unverhältnismäßig groß und genau aus demselben Grund fühlt man sich darin auch häufig so hilflos, ohnmächtig und ausgeliefert. Der Feel-Free-Schalter funktioniert, weil damit diese Verbindung zur eigenen Geschichte gekappt wird und nur das – meist kleine - Gegenwartsproblem übrig bleibt. Wir zeigen der unbewussten Psyche, dass sie jetzt nicht mit dem Verhaltensmuster agieren soll, das sie gerade gewählt hat.

Wer ist dabei eigentlich das «wir»? Wer setzt sich mit der unbewussten Psyche auseinander? Es ist das eigene Bewusstsein, das hier die korrigierende Funktion übernimmt. Aber ist das Bewusstsein nicht auch ein Teil unserer Psyche? Lassen Sie mich kurz andeuten, wie das mit dem Zusammenspiel von bewussten und unbewussten Ebenen eigentlich läuft. Fangen wir am Anfang an – nach der Geburt.

Das Bewusstsein als Assistent

In den ersten Lebensjahren lebt das Kind noch weitgehend ohne die Art von Bewusstsein, die es später als normal erleben wird. Denn die Hirnstrukturen, in denen bewusste Vorgänge verarbeitet werden, sind am Anfang des Lebens noch nicht ausgebildet, sie entwickeln sich im Laufe der ersten Lebensjahre. Von einem bewussten Ich kann man erst ab etwa dem vierten Lebensjahr sprechen. Dennoch gibt es so etwas wie ein bewusstes Erleben der Gegenwart (sensorisches Erlebnisbewusstsein[3]). Dabei wird das Erlebte aber nicht im Gedächtnis festgehalten, weil das Langzeitgedächtnis noch nicht funktionstüchtig ist. Das Erleben verschwindet also nach wenigen Sekunden unwiederbringlich. Erst wenn der Hippocampus (als Organisator des Gedächtnisses) und die Großhirnrinde (als Speicherort für das Langzeitgedächtnis) hinreichend ausgereift sind, endet die Zeit der kindlichen Amnesie. Das bewusste Ich zeigt sich dann als neu hinzukommende Instanz einer bis dahin noch gänzlich unbewusst gelenkten Persönlichkeit. Auch wenn diese unbewusste Lenkung - einfach aus ökonomischen Gründen - so weitergeht, erlebt sich das Bewusstsein dennoch von jetzt an als Lenker der Person. Die Lenkung durch die unbewussten Aspekte der Psyche ignoriert das Bewusstsein einfach.

Für das Bewusstsein tauchen die Gefühle, Gedanken und Handlungsimpulse[4] einfach wie aus dem Nichts auf. Plötzlich sind sie da und mit ihnen der Wunsch, sie zu verwirklichen beziehungsweise ihnen zu folgen. Der Begriff «Auftauchen» umschreibt sehr treffend, dass hier etwas aus der Tiefe nach oben kommt. Stellen Sie sich ein Gewässer vor mit trübem Wasser, das Ihnen nur wenige Zentimeter Sicht erlaubt. Wenn etwas daraus auftaucht, ist nicht auszumachen, woher es kam und warum es plötzlich da ist. So ähnlich geht es dem Bewusstsein mit dem, was aus den Tiefen der Psyche aufkommt. Es hat kein Wissen darüber, kann Hintergründe und Ursachen nicht erfassen, und normalerweise macht es sich auch keine Gedanken darüber. Es ist vielmehr bereit, das Auftauchende hinzunehmen und in sein Bild der gerade herrschenden Situation einzufügen. Weil das Bewusstsein den Wunsch hat, Ereignisse und auch das eigene Handeln

---

3 Vgl. Roth, G., Strüber, N. (2014), S. 203.
4 Vgl. Roth, G. (2001), S. 10.

als schlüssig zu erleben und die Herkunft der aus dem Unbewussten stammenden (aufgetauchten) Empfindungen nicht zu den Quellen zurückverfolgen kann, konfabuliert[5] es (lateinisch con = mit; fabulare = erzählen), das heißt, es liefert Pseudoerklärungen, und zwar in der Regel solche, die dem Selbstwertgefühl und andererseits den Erwartungen der sozialen Umgebung am besten entsprechen.[6]

Plötzlich auftauchende Gefühle, Gedanken, Absichten, Wünsche und Handlungspläne schreibt es dann der eigenen Intuition zu oder sich selbst, also dem bewussten Ich. Unser Bewusstsein erfindet Begründungen und Sinnzusammenhänge, die uns unser – eigentlich unbewusst initiiertes – Handeln als sinnig, stimmig und notwendig belegen. Die dabei unvermeidlich auftretenden Diskrepanzen zwischen Tun und verbaler Erklärung werden durch ständige Abänderungen der verbalen Erklärungen[7] vorübergehend behoben. Genau deshalb ist es auch so schwer einem Menschen beizubringen, dass sein Bewusstsein nur ein Assistent des Unbewussten ist. Lange Zeit waren Menschen vollkommen überzeugt, einen vollkommen freien Willen zu haben und reagierten auf die Experimente von Libet entsprechend erschüttert oder feindselig. Diese hatten gezeigt, dass auch das bewusste Handeln einen Vorlauf in unbewussten Regionen des Gehirns hat.

Libet-Experimente

Benjamin Libet wurde Anfang der 1980er Jahre bekannt durch Versuche, in denen er die zeitliche Abfolge bewuss-

---

5 Vgl. Roth, G. (2004, 2), S. 69.

6 Vgl. Roth, G. (2014), S. 228.

7 Vgl. Roth, G. (2001), S. 11.

ter Handlungsentscheidungen und ihrer motorischen Umsetzung gemessen hat. In einem als «Libet-Experiment»[8] bekannt gewordenen Versuch wurde ein Proband gebeten, spontan eine Bewegung zu machen (zum Beispiel das Handgelenk zu drehen oder einen Finger zu beugen). Dann sollte er den Zeitpunkt angeben, zu dem er den Entschluss dazu gefasst hat. Gleichzeitig wurden seine Gehirnströme registriert. Die Auswertung ergab, dass die Gehirnströme bereits vor dem Zeitpunkt begannen, den die Person als den Zeitpunkt ihrer Entscheidung angegeben hat. Diese Experimente belegten erstmals, dass unser Unbewusstes vieles längst erledigt hat, bevor das Bewusstsein überhaupt auf den Plan tritt. Es erscheint lediglich als nachgeordnete Instanz und nicht mehr als eigentlich Handelnder.

Libets Experimente wurden vielfach wiederholt, variiert und die Ergebnisse bestätigt. Das Bewusstsein kommt also auch bei scheinbar bewusst initiierten Handlungen nur unter besonderen Bedingungen und immer erst mit einer zeitlichen Verzögerung ins Spiel. Es soll aber nicht unerwähnt bleiben, dass die Zusammenhänge noch immer erforscht werden und es viele Wissenschaftler gibt, die weiterhin von der Freiheit des Bewusstseins überzeugt sind.

Für die Belastungssituationen, die hier im Fokus sind, kann man aber davon ausgehen, dass unbewusste Systeme der Psyche die Führung haben.

Bewusstsein als blinder Passagier

Die Experimente von Libet haben viele Spekulationen über die Bedeutung des Bewusstseins hervorgerufen. Der

---

8 Vgl. Libet, B. (2005).

amerikanische Neurowissenschaftler David Eagleman[9] vergleicht es zum Beispiel mit einer Zeitung, die (zwangsläufig) nachträglich über das Geschehen im Unbewussten berichtet. Über vieles wird gar nichts berichtet, zum Beispiel über die Regulation des Darms, der Atmung oder des Herzens, ebenso wenig wie über den Löwenanteil der Sinneseindrücke. Lediglich einige herausgehobene Aspekte finden in die Veröffentlichung, sprich werden vom Bewusstsein wahrgenommen. Nach dieser Vorstellung ist das Bewusstsein weit davon entfernt, etwas zu entscheiden oder zu beeinflussen. Alles, was in einer «Zeitung» steht, war schon lange vorher durch andere vollzogen worden. Die Zeitungsschreiber wählen nur das Wichtigste aus und berichten darüber. In einem anderen Bild von Eagleman ist das Bewusstsein „wie ein blinder Passagier auf einem Ozeandampfer, der behauptet, das Schiff zu steuern, ohne auch nur von der Existenz des gewaltigen Maschinenraums im Inneren zu wissen".[10]

Diese Vergleiche scheinen zu belegen, dass Menschen primär unbewusst gesteuert sind. Ob das tatsächlich so ist, hat die Wissenschaft gegenwärtig noch nicht geklärt. Auf jeden Fall sollten wir uns von der Annahme verabschieden, dass wir über ein vollkommen freies Bewusstsein bzw. einen freien Willen verfügen. Wir können uns selbst nicht so frei und beliebig steuern, wie wir lange angenommen haben und wie es viele Menschen noch bis in die Gegenwart glauben. Dennoch ist das Bewusstsein mehr als nur ein guter Assistent der unbewussten Psyche, der er am Anfang seiner Entstehung vermutlich war. Möglicherweise war einer der Gründe für das Entstehen eines Bewusstseins die Notwendigkeit, sich in einer hochkomplexen Umwelt schnell auf relevante Faktoren

---

9   Vgl. Eagleman, D. (2012), S. 13.
10 Eagleman, D. (2012), S. 11.

zu fokussieren.

Arbeitsteilung

Das Bewusstsein arbeitet sehr viel schneller als die unbewussten Systeme – ideal für neues unbekanntes Geschehen. Es kann im Vergleich zum Unbewussten nur wenige Informationen bewältigen, tut dies aber sehr schnell. Es kann ungefähr 50 Basiseinheiten von Information (Bits) pro Sekunde verkraften, das Unbewusste wird dagegen mit Millionen von Bits fertig. In jeder Sekunde verarbeiten unsere Sinne aber mehrere Millionen Bits, das heißt, dass nur ein Bruchteil davon ins Bewusstsein dringen kann.

Die bewusste Ratio ähnelt einem Scheinwerferlicht, das einen Punkt im Raum klar beleuchten kann, zum Beispiel das Gesicht eines Schauspielers. Jedes Detail wird sichtbar. Der Rest der Bühne bleibt im Dunkeln. Unser bewusstes Denken ist somit sehr präzise und fokussiert, verliert dabei aber unter Umständen das große Ganze aus dem Auge. Das unbewusste Gespür gleicht dagegen eher einem schwachen Flutlicht, mit dem man nicht jede Feinheit sehen kann, dafür aber – wenn auch nur grob – einen sehr viel größeren Bereich.

Tatsächlich ist das Bewusstsein am Beginn seiner Entstehung zunächst ein Instrument des Unbewussten. Mit dem Entstehen von Bewusstsein erscheinen aber auch neue Eigenschaften, die das Bewusstsein in die Lage versetzen, auf den eigenen Entstehungsprozess zurückzuwirken. Damit entstehen Möglichkeiten, die ein nur unbewusst agierendes Wesen nicht besitzt. Die soziale, wissenschaftliche und technische Entwicklung wäre ohne diese Fähigkeiten des Bewusstseins nicht möglich gewesen.

Dabei gehört es zu den Eigenheiten des Bewusstseins, dass es die unbewusste Quelle seines Handelns nicht wahrnimmt und offenbar auch nicht gerne darauf hingewiesen wird. Der bewusste Geist erlebt es oft als Beleidigung oder Kränkung, wenn er auf unbewusste Gründe seiner Handlungen verwiesen wird. Das interpretiert er als anmaßend und leugnet infolgedessen auch alles, was etwas anderes belegt. Von dieser Eigenschaft des Bewusstseins wird die Überzeugung, einen freien Willen zu besitzen, immer wieder genährt, ebenso wie der damit verbundene Unwille, die unbewusste Steuerung der eigenen Person wahrzunehmen und zu akzeptieren. Viel Zeit verbringt das Bewusstsein daher im Status des vermeintlich steuernden, aber von seiner Machtlosigkeit nichts ahnenden blinden Passagiers. Aber es kann und darf diesen Status verlassen und sich wirklich an das Steuerrad begeben und den Kurs bestimmen. Auch FFT funktioniert nur, weil das möglich ist.

Je entspannter ein Mensch ist, umso größer ist seine Freiheit, die eigene Person bewusst zu lenken. Je mehr er unter Stress steht und je mehr dabei seine Lebensthemen berührt sind, umso kleiner wird dieser Spielraum. Aber wenn man weiß, was gerade in einem abläuft, kann man - auch unter seelischem Stress stehend -, zum Beispiel mit der Feel-Free-Technik aus diesem Stress wieder aussteigen. Wer nichts über die Macht der unbewussten Steuerung und auch über die möglichen Irrtümer dieser inneren Navigation weiß, kommt dagegen nicht auf die Idee, überhaupt einzugreifen und sich den Zugang zu den tatsächlichen Möglichkeiten der Gegenwart wieder frei zuarbeiten.

Die unbewusste Psyche stellt sich quer

Wenn man eine Weile mit FFT arbeitet, begegnet man immer wieder Situationen, die deutlich machen, dass die unbewussten Systeme nur ungern die Führung an das Bewusstsein abgeben – solange die Person unter Stress steht. Offenbar ist die unbewusste Psyche vollkommen überzeugt, die besten Lösungen zu nutzen und versucht deshalb das Eingreifen durch das Bewusstsein zu boykottieren und zu verhindern.

Ein bisschen ist es wie der Umgang mit einem Kind, welches sich gerade massiv in den eigenen Gefühlen verrannt hat. Das Kind will um jeden Preis genau jetzt und gerade diese Puppe oder jenen Bonbon haben und lehnt alles andere verzweifelt ab. Als hinzukommender Erwachsener sieht man sofort, dass dieses Kind ein ganz anderes Problem hat – vielleicht einfach nur vollkommen übermüdet ist. Man wird sich daher nicht lange auf eine Diskussion mit ihm einlassen, sondern es vielleicht einfach nur in den Arm nehmen, etwas beruhigen und dann vermutlich ganz schnell erreichen, dass das Kind wieder in seinen Frieden findet. Das eigene Bewusstsein entspricht der erwachsenen Seite, das Unbewusste dem Kind. Das eigene Bewusstsein weiß was jetzt besser für die Person ist und greift entsprechend zielgerichtet und auch ein bisschen rigoros ein. Das darf das Bewusstsein und das kann es auch. Genau dafür ist es ja da, um in begrenzten Situationen mal die Führung zu übernehmen Es muss aber wissen, dass das Gegenüber kein kleines Kind ist, sondern ein ausgefuchstes System, hellwach und bereit, sofort aus der Einflusssphäre des Bewusstseins auszubrechen, wieder eigene Wege zu gehen und gleichzeitig dem Bewusstsein die Illusion zu verschaffen, dass es selbst die Person führt.

Einen inneren Beobachter installieren

Um sich aus der Dominanz Ihrer unbewussten Psyche etwas zu befreien, sollten Sie einen inneren Beobachter installieren. Der hat die einzige Aufgabe, skeptisch auf das eigene – unbewusst initiierte - Verhalten, Fühlen und Denken zu schauen und Alarm zu geben, wenn mal wieder unpassende Leidensmuster aufgerufen wurden.

So einen Beobachter können Sie relativ schnell aufbauen, wenn Sie sich vornehmen, jeden Abend rückblickend Notizen darüber zu machen, wann Sie tagsüber schlechte Laune[11] hatten. Wenn Ihnen an den ersten Abenden noch nichts einfallen will, werden Sie vermutlich tagsüber etwas aufmerksamer auf sich schauen und dadurch Momente mit belasteter Stimmung eher entdecken. Oder nehmen Sie sich von vornherein vor, kleine achtsame Momente in Ihr Leben einzubauen. Sogar in einem Alltag, der prall gefüllt ist und in dem man oft unter Druck steht, ist es möglich, achtsame Augenblicke zu haben. Sie könnten beispielsweise für einen Augenblick von Ihren Aktivitäten zurücktreten, indem Sie einen langen bewussten Atemzug tun. Nachdem Sie sich einen kleinen Moment gesammelt haben, können Sie sich dann fragen: „Was fühle ich jetzt? Wie geht es mir gerade? Sollten Sie dabei negative Empfindungen und Gefühle entdecken, fragen Sie sich, ob diese jetzt okay sind. Üben Sie sich also darin, Ihrer eigenen psychischen Steuerung öfter mal nicht zu trauen und insbesondere, wenn Sie gerade unter irgendetwas leiden, davon auszugehen, dass hier gerade etwas falsch läuft – Ihre innere Navigation sich also gerade irrt. Nehmen Sie ein paar Tage lang jedes belastende Gefühl aufmerksam

---

11 Viel mehr haben Sie von so einem Protokoll, wenn Sie auch positive Momente erfassen und notieren.

wahr, um das eine oder andere sofort oder zu einem späteren Zeitpunkt mit FFT zu bearbeiten. Einige Leser werden vermutlich darüber staunen, wie oft sie tagsüber auf unpassende Muster zurückgreifen und - nach einigen Wochen mit fleißigem Einsatz von FFT – auch darüber, wie viel weniger das inzwischen geworden ist.

FFT: MIT BEWUSSTSEIN UND HYPNOSE

Inzwischen sollte klar geworden sein, dass FFT kein Spielzeug ist, mit dem man sich mal ein bisschen gute Laune macht, ähnlich belanglos und beliebig, als würde man dazu Alkohol oder andere Drogen einsetzen. FFT ist viel mehr. Die Technik ist geeignet, Fehler der psychischen Navigation zu beheben, indem unbewusst aufgerufene, unpassende Verhaltensmuster unterbrochen werden. FFT nutzt dazu die Möglichkeiten des Bewusstseins und der Hypnose.

Bewusstsein

Für FFT nutzen wir die Möglichkeit des Bewusstseins, in der eigenen Person für Momente die innere Führung übernehmen zu dürfen. Ohne Bewusstsein und dessen gestalterische Möglichkeiten könnten wir an dem Geschehen nichts verändern. Die unbewusste Psyche würde im gewählten Muster verhaftet bleiben, solange bis irgendetwas geschieht, was sie davon abbringt. Mit einem Bewusstsein können wir aber zu uns selbst in Distanz treten. Ein Teil kann von außen auf den anderen schauen und ihm aus seiner Not helfen.

Für den Prozess nutzen wir, dass die unbewusste Psyche durch Bilder leichter zu beeinflussen ist, als durch Worte.

Das funktioniert sogar, wenn diese Bilder nur in der Vorstellung existieren. In fantasierten Bildern zeigen wir der eigenen Psyche, dass sie mit der belasteten Stimmung sofort aufhören soll.

Hypnose

Auf den ersten Blick ist kaum zu erkennen, dass FFT Möglichkeiten der Hypnose nutzt, vor allem weil keine offensichtliche Trance aufgebaut wird. Tatsächlich haben wir es sogar mit zwei Tranceebenen zu tun. Zum einen gibt es eine sogenannte «Problemtrance», die der Betroffene schon mitbringt. Diese Trance geht einher mit dem Leiden, wir werden uns gleich noch damit befassen.

Wichtiger ist zunächst eine zweite Tranceebene. Diese brauchen wir, um die unbewusste Psyche zu erreichen. Wir errichten sie in Schritt 1 und Schritt 2 ganz nebenbei. Das aufgehängte Bild und auch die Projektion der Gefühle existieren nur in der Vorstellung und brauchen einiges an Konzentration, um gesehen zu werden. Die genaue Beschreibung der Art des Bildes (Foto, Papier), des Rahmens und der Art der Befestigung dienen der Erzeugung der Trance. Durch den differenzierten Blick auf die Gefühle, die Beschreibung von Größe, Lage, Form, Textur und Farbe wird die Trance vertieft. Die kreative Gestaltung der dreidimensionalen Abbildung der Gefühle regt die Psyche zusätzlich an, tiefer in die Trance und das Thema einzusteigen. Danach ist sie hinreichend dafür vorbereitet, die neue Information aufzunehmen und sich entsprechend umzustellen. Jetzt kann das visuell transportierte «lass das» tief in die unbewusste Schaltzentrale eindringen und wird meist widerspruchslos umgesetzt. Die belastenden Gefühle verschwinden und gleichzeitig entsteht innerlich Distanz zum verursachenden Geschehen.

Zur Förderung der Trance ist es in allen Stufen wichtig, auf die Details Wert zu legen und diese genau zu «sehen». Wenn die Konzentration für die Visualisierungen nicht mehr aufgebracht werden kann, sollte man die Arbeit beenden oder zumindest pausieren.

Die Feel-Free-Technik ist also eine Hypnose und wenn sie allein durchgeführt wird, eine Selbsthypnose.

Aus der Problemtrance aussteigen

Die zweite Tranceebene, mit der wir in FFT zu tun haben, ist die «Problemtrance», die durch das Aktivieren der Kindheitsmuster entstanden ist. Für einen Moment denkt, fühlt und handelt der Betroffene, als befände er sich in der eigenen Kindheit. Er selber merkt nichts davon und genau das macht auch eine Trance aus: Man ist darin, ohne es bewusst zu registrieren, gleichzeitig ist man vollkommen verschlossen gegenüber der tatsächlichen Wirklichkeit. Durch FFT wird diese Problemtrance unterbrochen und beendet. Manchmal in einem Durchlauf und mitunter in einer ganzen Reihe von Durchgängen, je nach Tiefe des Geschehens. Ist ein Mensch nur leicht in Trance – wie beim Hören von Musik zum Beispiel, dann ist er auch leicht herauszuholen. Ist die Trance tiefer, braucht es etwas länger.

Vermutlich ist die hohe Wirksamkeit von FFT durch die Nutzung hypnotischer Effekte bedingt. In meiner psychotherapeutischen Praxis setze ich diese Technik daher in vielfältiger Weise ein. Einfache Lasten können damit ebenso bearbeitet werden, wie schwere psychische Traumata. Ich warne allerdings vor Versuchen, eine gegebene psychische

Erkrankung mit FFT in Selbsttherapie kurieren zu wollen. Psychotherapie ist niemals nur die Anwendung von Techniken, sondern ist eine Profession, die jahrelanges Studium und Berufserfahrung erfordert. Wegen der Komplexität ihrer Tätigkeit sind Psychotherapeuten während ihrer gesamten Berufszeit dazu angehalten, ihre Arbeit durch Kollegen beaufsichtigen zu lassen (berufliche Supervision). Selbst Profis können sich also leicht verlaufen.

Lassen Sie sich aber nicht davon abhalten, ihren Beziehungs-, Berufs- oder anderen Stress damit zu bearbeiten. Sollten Sie sich für Sie unpassende Themen herausgepickt haben, wird Ihnen Ihre Psyche mit großer Sicherheit einen Strich durch die Rechnung machen. Denn bei den meisten Menschen sind die Mechanismen zum Selbstschutz vollkommen ausreichend, um zu verhindern, sich mit einer selbst angewendeten Technik außer Kontrolle zu bringen. Wer Zweifel hat, ob dies bei ihm so ist, sollte aber die Finger davon lassen.

***

Tiefer gehende theoretische Ausführungen über die psychischen Hintergründe und Zusammenhänge finden Sie an anderer Stelle, zum Beispiel in meinen anderen Büchern. In «Paare in Krisen, Navigationshilfe für schwieriges Gelände» gebe ich einen Einblick, wie die Erfahrungen der Kindheit noch ins Erwachsenenleben hinein wirken und insbesondere in Zweierbeziehungen öfter für Störungen sorgen. In «Abnehmen – mit dem Schlüssel zur Psyche» gibt es darüber hinaus einen Blick auf das Zusammenwirken von bewusster und unbewusster Psyche.

VERGLEICHBARE TECHNIKEN

FFT ist nicht der einzige Weg, um auf die eigene unbewusste Psyche einzuwirken. Bei leichten Belastungen reicht es manchmal schon aus, zu sich selbst zu sagen, dass alles in Ordnung ist und es sich gerade nicht lohnt, in ein belastendes Gefühl einzusteigen. Es kann auch helfen, für einen Moment mal die Luft anzuhalten und damit den körperlichen Prozessen, also den Empfindungen, die «Luft abzudrehen». Auch die Ablenkung auf ein ganz anderes Thema kann manchmal hilfreich sein.

In der Psychotherapie haben die Ansätze der Energetischen Psychotherapie (EFT, MET und andere) eine ähnliche Wirkung und sie sind auch sehr direkt und ohne Umstände einsetzbar. Diese Behandlungstechniken werden auch als Klopfakupressur bezeichnet und bewirken durch das Beklopfen von Akupunkturpunkten eine sofortige innere Umstellung. Bei vielen wirkt diese Technik großartig, aber - und das gilt für alle Ansätze - nicht bei allen.

FFT arbeitet mit Visualisierung, also mit vorgestellten Bildern. Unser Gehirn ist durch solche Bilder viel leichter zu steuern, als durch eine innere Ansprache auf verbaler Ebene. Man könnte auch sagen, dass Visualisierung die «Sprache des Gehirns» nutzt. Daher wird in allen Bereichen, in denen es um die Beeinflussung der Psyche geht, auch mit Visualisierung gearbeitet. So werden im Hochleistungssport, bei der Wissensvermittlung ebenso wie in der Psychotherapie häufig vorgestellte Bilder genutzt. Die Bilderflut der Werbung dient demselben Zweck. Eine Darstellung der Fülle der Ansätze, die dieses Mittel nutzen, würde den gegebenen Rahmen sprengen.

Hinter diesem Buch steht kein Verlag mit entsprechender Werbemaschine. Um an neue Leser zu kommen, bin ich als Autor wesentlich auf die Kommentare und Bewertungen derjenigen Leser angewiesen, die das Buch schon kennen. Gute Bewertungen und entsprechende Kommentare auf den bekannten Webseiten sind für andere Leser ein Hinweis, dass es sich lohnt, dieses Buch zu kaufen. Wenn Ihnen also der Text gefällt und Sie meine Arbeit unterstützen möchten, schreiben Sie bitte einen Kommentar, zum Beispiel bei Amazon, Buch.de oder Ihrer anderen Lieblings-Buch-Webseite.

Sie müssen keinen «Roman» schreiben, es darf auch ganz kurz sein, zum Beispiel: «Das hat mir geholfen» oder: «Ja, finde ich gut!» Wenige Worte reichen vollkommen! Entscheidend sind die Sterne, die Sie vergeben. Am liebsten wären mir alle fünf, aber das entscheiden Sie selbst.

Wenn Ihnen aber etwas nicht gefällt, schreiben Sie es bitte mir. Dann kann ich Ihre Gedanken bei der Überarbeitung des Buches nutzen. Wenn es mir möglich ist, beantworte ich auch gerne Ihre Fragen. Schreiben Sie mir einfach eine E-Mail.

Reinhardt Krätzig, am 13.12.16

Web- und Mailadressen des Verfassers:

www.reinhardt-kraetzig.de

www.ihr-coach.com

www.psychotherapie-birkenwerder.de

E-Mail: r.kraetzig@online.de

LITERATURVERZEICHNIS

Boessmann, U. (2013). Bewusstsein – Unbewusstes, Band I: Bewusstsein: Was wissen wir? Berlin: Deutscher Psychologen Verlag.

Busch, B. G. (2002). Denken mit dem Bauch. Intuitiv das Richtige tun. Kempten: Kösel Verlag.

Dijksterhuis, A. J. (2007). Das kluge Unbewusste. Denken mit Gefühl und Intuition. Stuttgart: Klett-Cotta.

Eagleman, D. (2012). Inkognito: Die geheimen Eigenleben unseres Gehirns. Frankfurt: Campus

Fuß, H. (05.05.2009). Achtsamkeit verändert das Gehirn, Interview mit Ulrich Ott. www.stern.de/panorama/wissen/mensch/meditationsforscher-achtsamkeit-veraendert-das-gehirn-3560756.html (abgerufen am 30.06.2016).

Hüther, G. (7. Auflage, 2011). Die Macht der inneren Bilder. Göttingen: Vandenhoeck & Ruprecht.

Kasten, E., Oberhummer, H., Mertens, M. (05. 04. 2011). Woher wissen wir, was Realität ist? www.zeit.de/zeit-wissen/2011/03/Will-wissen (abgerufen am 30.06.2016).

Krätzig, R. (2002). Positiv-Ansatz. www.reinhardt-kraetzig.de/books.html (abgerufen am 30.06.2016).

Krätzig, R. (2016). Abnehmen: mit dem Schlüssel zur Psyche. Hamburg: BoD Verlag.

Krätzig, R. (2016). Paare in Krisen, Navigationshilfe für schwierige Momente, die 1. Auflage erschien 2014 unter: Streitpaare. Frieden schaffen mit dem Ego-State-Ansatz aus der Paartherapie. Hamburg: BoD Verlag.

Lefkoe, M. (2003). Re-Create Your Life. Austin, Texas, United

States: TLI Publishing.

Libet, B. (2005). Mind Time: Wie das Gehirn Bewusstsein produziert. Frankfurt a. M.: Suhrkamp Verlag.

Magrabi, A. (04.09.2015). Libet-Experimente: Die Wiederentdeckung des Willens. www.spektrum.de/news/die-wiederentdeckung-des-willens/1341194 (abgerufen am 30.06.2016).

Osterath, B. (2011). Die Amygdala. www.dasgehirn.info/entdecken/anatomie/die-amygdala (abgerufen am 30.06.2016).

Roth, G. (2000). Lexikon der Neurowissenschaft, Bewusstsein. www.spektrum.de/Lexikon/Neurowissenschaft/Bewusstsein/1446 (abgerufen am 30.06.2016).

Roth, G. (2001). Wie das Gehirn die Seele macht, Vortrag. Lindau: 51. Lindauer Psychotherapiewochen. www.lptw.de/archiv/vortrag/2001/roth_gerhard.pdf (abgerufen am 30.06.2016).

Roth, G. (2004, 2). Das Verhältnis von bewusster und unbewusster Verhaltenssteuerung. *Psychotherapie Forum*, Volume 12, Band 2, S. 59-70.

Roth, G. (20.03.2009). Die heimliche Macht des Unbewussten, Interview in der Zeitung *Die Welt*. www.welt.de/wissenschaft/article3411612/Die-heimliche-Macht-des-Unbewussten.html (abgerufen am 30.06.2016).

Roth, G. (2011). Die Entwicklung des kindlichen Gehirns – Normalität und traumatische Störungen, Skript. Institut für Hirnforschung Universität Bremen. www.daer.de/html/symposien/2011/download/Prof-Roth-Vortrag-Gehirnentwicklung-Normalitaet-u-traumatische-Stoerungen.pdf (abgerufen am 30.06.2016).

Roth, G. (05.08.2015). Wie das Gehirn die Seele formt. *Frankfurter Allgemeine Zeitung*, Nr. 179, S. N2.

Roth, G., Strüber, N. (2014). Wie das Gehirn die Seele macht. Stuttgart: Klett-Cotta.

Siegel, D. J. (2010). Die Alchemie der Gefühle. München: Kailash Verlag.

Stüvel, H. (20.03.2009). Die heimliche Macht des Unbewussten. www.welt.de/wissenschaft/article3411612/Die-heimliche-Macht-des-Unbewussten.html (abgerufen am 30.06.2016)

BILDERVERZEICHNIS

Abbildung 1, Ausschalter 9

Abbildung 2 zu Punkt 1.5, Ein Bild aufhängen 25

Abbildung 3, zu Punkt 2.4, Projektion der Gefühle 31

Abbildung 4, zu Punkt 3.1, Die Skulptur zerstören 36

Abbildung 5, zu Punkt 4.1, Schicht um Schicht 47

Abbildung 6, zu Punkt 4.2, Noch einmal oder abschließen ... 48

Alle Grafiken sind von R. Krätzig erstellt.

WEITERE BÜCHER DES VERFASSERS

PAARE IN KRISEN -
NAVIGATIONSHILFE FÜR SCHWIERIGES GELÄNDE

2. Auflage 2016, 200 Seiten

Die 1. Auflage erschien 2014 unter dem Titel: «Streitpaare»

Druckversion: 12,50

E-Book: 6,99 Euro

Alle Paare kennen Krisen: Bei manchen wird es laut, bei anderen läuft alles ganz leise. Schlecht gelöste Konflikte schwächen eine Beziehung und sie kann daran auch kaputtgehen. Mit der Navigationshilfe lernen Sie mit Ihren Paarkrisen vollkommen anders umzugehen. Sie erfahren in verständlicher Weise, was sich in der Psyche der Beteiligten im Hintergrund abspielt, wie das die Konflikte erzeugt und wie Sie darauf einwirken können. Ihnen werden Wege gezeigt, wie Sie in Selbsthilfe ein fruchtbares und gutes Miteinander aufrecht erhalten oder es, falls es schon verloren gegangen ist, wiederherstellen können.

Das hier vermittelte Konzept ist in vielen Jahren paartherapeutischer Praxis entstanden und erprobt. Ihre eben noch als pure Belastung erlebten Paarprobleme werden jetzt zu Trittstufen auf ein vollkommen neues Niveau des Miteinanders.

Die gewonnenen Einblicke in die unbewusste Dynamik des Miteinanders sind übrigens auch für den Umgang mit Kollegen oder Freunden sehr nützlich.

In einem Anhang bekommen Paartherapeuten zusätzliche Infos über die hilfreiche Arbeit mit Ego-States in der Paartherapie.

ABNEHMEN - MIT DEM SCHLÜSSEL ZUR PSYCHE

2016, 240 Seiten

Druckversion: 14,50

E-Book: 7,99 Euro

Mehr als 90 Prozent aller Versuche abzunehmen scheitern, daran haben unbewusste psychische Prozesse einen wesentlichen Anteil. In diesem Buch erfahren Sie, wie das vor sich geht. Und vor allem lernen Sie, was Sie dagegen tun können.

Das Problem ist, dass die Psyche die überzähligen Kilos zur Regulation der seelischen Befindlichkeit nutzt und deswegen die Diäten vereitelt. Mit dem »Schlüssel zur Psyche« bekommen Sie ein Werkzeug in die Hand, mit dem Sie diesen unbewussten Vorgängen den Boden entziehen. Das Prinzip ist einfach: Sie bringen das in Ihr Leben, was Ihre Psyche seit Langem vermisst. Dieses Fehlende ist selten bekannt und unterscheidet sich bei jedem. Für den eigenen »Schlüssel« ist daher ein Blick auf sich selbst erforderlich. Bei Ihrer Suche werden Sie schrittweise angeleitet, und diverse Beispiele erleichtern Ihnen den Weg.

Fangen Sie ein paar Wochen vor der nächsten Diät mit diesem Buch an. So haben Sie die Chance, tatsächlich etwas zu bewirken und sich Ihrem Wunschgewicht zu nähern.

Im Anhang vermittelt Ihnen das Buch zusätzliches Wissen über die Hintergründe der störenden psychischen Prozesse.

WEITERE BÜCHER DES VERFASSERS

LIEBE IN DER PSYCHOTHERAPIE

POTENTIAL. PROBLEM. PERSPEKTIVE.

2015, 190 Seiten

Druckversion: 11,99

E-Book: 6,99 Euro

Es geht um die Liebe, die nicht selten zwischen Behandler und Patient entsteht, sei es in der Psychotherapie, beim Arzt oder in der Physiotherapie. Oft ist sie einseitig, manchmal ergreift sie beide Personen. Der Autor macht klar, dass eine Liebe innerhalb einer Therapie etwas anderes ist als eine Liebe außerhalb. Sie kann zu einem positiven und stärkenden Faktor werden, wenn sie als Teil der Behandlung verstanden wird und der Rahmen des Settings nicht verletzt wird. Ansonsten wird sie zum Hindernis und vielleicht sogar zur Ursache von sexuellem Missbrauch. Der Autor betrachtet vorrangig die Psychotherapie, aber vieles ist auch auf andere Bereiche übertragbar. Das Buch ist eine Hilfe für Behandler die sich in dem schwierigen Gelände orientieren wollen. Auch betroffene Patienten finden Unterstützung und Rat.

Der Autor vermittelt einen Zugang zum Thema, schaut auf die Hintergründe für das Entstehen von intensiver Zuneigung und zeigt mit vielen Beispielen, wie mit den verschiedenen Spielformen von Liebe umgegangen werden kann. Vorrangig wird die Psychotherapie betrachtet, aber viele Erkenntnisse sind auch auf andere Therapiefelder übertragbar.

Weitere Aufsätze des Autors sind im Internet veröffentlicht und kostenfrei zugänglich, hier ist der Link:

http://www.reinhardt-kraetzig.de/books.html